ブックガイドシリーズ　基本の30冊
日本思想史

子安宣邦 編

人文書院

目　　次

まえがき

第1部　日本／古代

網野善彦『日本論の視座』……………………………………8
山尾幸久『日本国家の形成』…………………………………14
津田左右吉『神代史の新しい研究』…………………………20
和辻哲郎『日本古代文化』……………………………………26
三品彰英『日本神話論』………………………………………32
西郷信綱『古事記の世界』……………………………………38

第2部　中　世

高取正男『神道の成立』………………………………………44
黒田俊雄『寺社勢力』…………………………………………50
網野善彦『無縁・公界・楽』…………………………………56
大隅和雄『信心の世界，遁世者の心』………………………61

第3部　近　世①

阿部吉雄『日本朱子学と朝鮮』………………………………68
野口武彦『江戸の歴史家』……………………………………74
子安宣邦『江戸思想史講義』…………………………………80
ヘルマン・オームス『徳川イデオロギー』…………………86
丸山眞男『日本政治思想史研究』……………………………92
尾藤正英『江戸時代とは何か』………………………………98

第4部　近世②

村岡典嗣『本居宣長』……………………………………………… 106
小林秀雄『本居宣長』……………………………………………… 113
E・H・ノーマン『忘れられた思想家　安藤昌益のこと』……… 120
テツオ・ナジタ『懐徳堂』………………………………………… 126
伊東多三郎『草莽の国学』………………………………………… 132

第5部　近代／現代

大川周明『日本精神研究』………………………………………… 140
相良亨『日本人の伝統的倫理観』………………………………… 146
湯浅泰雄『近代日本の哲学と実存思想』………………………… 152
色川大吉『明治精神史』…………………………………………… 158
安丸良夫『近代天皇像の形成』…………………………………… 164
村上重良『国家神道』……………………………………………… 170
戸坂潤『日本イデオロギー』……………………………………… 176
竹内好『日本とアジア』…………………………………………… 183
子安宣邦『近代知のアルケオロジー』…………………………… 189

まえがき

　日本思想史というのは奇妙な学問・研究領域である。日本思想史的関心をもつ研究者は数多く存在し，日本思想史関係の著述の読者はそれ以上に多く存在している。だが日本思想史という学科や授業科目をもった大学を探そうと思ったら，それはとても難しい。欧米の哲学・思想を学ぶことはどこの大学でもできる。では日本の哲学・思想を学ぼうとしたらどこにいけばよいのか。仏教系の大学か，あるいは神道系の大学か。だがそこで学ぶのは仏教であり，神道であって，日本の哲学・思想とは違うのではではないか。欧米志向の近代日本の大学制度は現在に及んでいるのである。このこと自体が日本思想史的な問題でもある。

　日本の大学における制度や学問規定はどうであれ，古代における日本国家の成立について，また中世の神仏的世界と人びとの生と信について，近世における学問文化の平民的発展について，そして近代国民国家形成における新たな内部と外部についてなどに人びとは強い思想史的な研究関心をもってきたし，その研究成果をそれぞれに論文や著作の上に実現させてきたのである。彼らの多くは歴史家であり，さらに哲学者であり，倫理学者であり，政治学者であり，あるいは文学者であった。自らを思想史家とするものは少ない。だが私はこれらをすべて日本思想史的な作業とその成果と考えるのである。

　私は人文書院から「日本思想史の基本30冊」というブックガイ

ドの編集を依頼されたとき,「日本思想史」をこのように考えて,選書することにした。だがすでにのべてきたように「日本思想史」とはすでに出来上がった学問領域ではない。それは思想史的な問題関心によって構成されているような研究領域である。したがって「基本30冊」とは決して「入門書30冊」ではない。私がここに選んだのは,なおわれわれに読み直しを求めているような古典であり,われわれをなお触発し続けるような問題を提起している書であり,革新的な方法意識をもった研究などである。この「日本思想史の基本30冊」という選書自体が問題提起的である。したがってここには方法的に疑問とみなされる書をも批判を加えつつ挙げている。また私の2冊の著書をもあえて加えたのも,問題提起という選書の意図にしたがってである。なお仏教思想史は仏教学あるいは各宗門の研究などにおいて独自の発展をしてきた。「仏教思想史の30冊」が別に編集されることを期待したい。

　宮川康子,樋口浩造,田中聡の三君が私の編集企図を理解し,執筆を分担して下さった。三君の助力なくしてこの問題提起的な「日本思想史の基本30冊」もない。心からお礼を申し上げたい。

2011年5月30日
子安　宣邦

第1部

日本／古代

網野善彦

『日本論の視座　列島の社会と国家』

小学館, 1990 年（新装版, 2004 年）

――日本を開くための視座と方法――

日本を開くこと

　戦後の歴史学，ことに日本史学がになった反省的な課題の中には，一国史的な歴史記述の閉鎖性をいかにして破るかという課題があったはずである。たしかに皇国史観，日本民族史観という日本一国史的イデオロギーは，軍国主義的国家日本のもっとも強力なイデオロギーでもあった。だが皇国史観といった一国史的イデオロギーを批判することはできても，一国史的な歴史記述から日本史を解き放つことは容易ではない。歴史というものが国家を形成する統一的な人間共同体の，その統一の自覚の表現と解されるとき（和辻哲郎『倫理学』下巻），そして近代国家日本の教育制度のうちに「日本史」という教科が存在し続けるとき，さらには戦後的世界状況における新たな民族主義が一国的な歴史意識を支え続けるとき，日本史を開くということはあたかも嶮しい山路を行くものが背負うような厳しい課題であった。

　だが冷戦構造の崩壊とグローバル資本主義の進展が，それまで凍結されていた問題，すなわちわれわれの歴史意識の前提にある近代国民国家の問題を顕わにし，それを前提にした歴史意識そのものを

問わしめるにいたった。こうして日本一国史を開くという歴史学における近代批判は，戦後的な反省をこえて積極的な意味を，すなわち後期近代としての現代における歴史記述はいかにあるかという課題へのもっとも積極的な答えとしての意味をもつことになった。

網野善彦はすでに『無縁・公界・楽』(1978) で，中世的世界の非定住的な無縁な場（公界）とその場を構成する公界往来人あるいは無縁非人に「無縁の原理」というべき自由（楽）が体現されていることを見出していた。有主・有縁の定住的世界へと方向付けられた歴史と歴史家から見失われた非定住者の多様な生と活力とを，網野は無主・無縁者の視点から切りひらいてみせたのである。中世史を切りひらいた網野が，一国的日本史を全的に切りひらくことへと歴史家としての意志と力とをふり向けていったのもまさにこの時期，すなわち 80 年から 90 年代にかけてであった。やがてその努力は『日本社会の歴史』(1997) として，また『「日本」とは何か』(2000) として結実することになる。ここに挙げる『日本論の視座』は網野が 80 年代に書いた文章を集めたものであるが，しかしこの書は網野・日本列島社会史の方法論的序章ともいうべき性格をもっている。網野はここで一元的日本国家史を多元的日本列島社会史へと開いていくための視座と方法とを，豊富な資料・文献とともに懇切に示している。これは日本史の研究者のためだけのものではない。日本を開くことを志向するすべてのものにとっての最良の羅針盤である。

私が「日本思想史の 30 冊」の最初の一冊としてこの書を選定したのも，日本思想史を開かれた思想史として考えるからである。一国的に閉ざされた日本史が古代から現代にいたる「日本という国」をその歴史記述を通して作り出していくように，一国的に閉ざされた日本思想史も古代から現代にいたる「日本思想」あるいは「日本

精神」なるものを作り出していくのである。これはむしろ自らを貧しくする思想史だといっていい。一国的な日本思想史を外へ，他者と交わる世界へと開くことによってはじめて，活力ある，多様な可能性をもった日本列島社会の思想史をわれわれはもつことができるだろう。この開かれた日本思想史のために網野のこの書はまず読まれねばならないのである。

はじめに「日本」があったか

日本列島とははじめから日本人が住む，日本の領土であったのか。ここが日本人の住む日本だといいうるためには，すでに他と区別される日本という国とその名称が存在しなければならない。だが日本という国号は689年に施行された飛鳥浄御原令で正式に定められたので，それ以前に日本という国も日本人もいたわけではない。とすれば最初に掲げた「日本列島とははじめから日本人が住む，日本の領土であった」といういい方は，日本が成立した後からのものでしかない。王朝や国家のルーツとはいつでも神話の形をもって語られる。だから日本という国号を制定した律令国家日本は8世紀の始めに起源神話を含んだ『日本書紀』を編纂するのである。『書紀』よりもまとまった神話的記述をもつ『古事記』も，太安万侶の序文にしたがえば『書紀』よりも8年早く成立したとされる。いずれにしろ起源とは神話なのである。明治維新の王政復古によって成立した近代天皇制国家日本はその神話的起源を自らの起源とし，歴史的紀元としていった。こうして神話的起源をもった日本国家の日本人という国民意識が形成されていった。だから，はじめに「日本」があったということは神話的物語を真実だとすることと同じことだといっても，日本人は容易にこの思いこみを打ち消すことはできない

のである。しかしこの思いこみを打ち消すことによってしか，日本を開いていくことはできない。

　では起源の神話性から脱却するにはどうすればよいのか。それは国家という人間と土地の囲い込みの人為的，制度的な始まりを明らかにすることによってである。それゆえ網野は「日本という国号」のはじまりをまず問題にするのである。日本という国号は，すでにふれたように7世紀末の律令的天皇国家の誕生期に天皇の称号とともに成立するのである。それ以前に日本はないし，日本人はいない。古墳時代の倭人も，さらには聖徳太子も日本人ではなく，邪馬台国も日本ではないと網野はいう。閉鎖体系としての日本とその歴史は，日本という囲い込みを神話的ルーツにまで遡らせて作られたものである。

日本を作るイデオロギー

　はじめに「日本」ありきということは，はじめに「日本民族」ありきということでもある。日本という国の統一性を支えてきたのは日本民族という均質的な性格をもった人間集団の持続的存在であると人びとは考えてきた。しかも日本民族の均質性はきわめて高いとされてきた。そこから日本は単一民族，単一言語からなる国家であることが，しばしば民族的な自負とともに語られてきた。しかしこうした考え方，言い方は近代国民国家日本の形成とともに作り出されたものである。そのことは「民族」という語彙自体が近代の翻訳的漢語であり，「日本民族」といった概念自体が昭和のものであることによって明かなのである（子安『日本ナショナリズムの解読』白澤社）。日本イデオロギーともいうべきこの考え方は近代の日本人を強く支配してきた。この均質的日本という見方は，自他関係を同

質／異質の関係としてとらえ、異質を排除して内部の同質性を維持することへと人びとを向かわせる。日本人を自閉化させるように縛ってきたものはこの日本イデオロギーだといえる。

網野は、「日本人を「単一民族」とし、畿内を中心とする国家が成立して以後、日本列島には日本国という「単一国家」が現在まで存在しつづけた」とする日本人の「常識」を支えてきた基本的な見方を根底から考え直す必要があるという。その「常識」としての第一の見方とは、日本を孤立した島国としてみる「日本島国論」である。第二の見方は、水田稲作一元論あるいは水田中心史観である。それは「瑞穂国日本」という従来の主流的日本論の根底にある見方である。そして第三の問題は、いわゆる「常民」－平民、百姓の問題であると網野はいう。ここでいう常民とは、日本の権力社会における隷属的な被支配階層の主体をなしてきた百姓と呼ばれてきた民衆を意味している。それは「日本民族」の体質を作り出し、民族の均質性を担ってきた人びとである。このような「常民」とは、百姓すなわち水田耕作に従事する農民とされてきたのである。山から里に降りてきた柳田国男の民俗学が、日本的民俗の担い手としてとらえているのが「常民」である。だがこの「常民」という概念は、均質的な日本を構成するイデオロギーではないのか。

この日本の「常識」をなす見方が、内部的な均質性をもった閉じた日本を支え続けてきたのである。この「常識」を根底から見直すことなくして、開かれた日本はない。本書はこの「常識」を根底的に見直すための視座と方法とを懇切に提示するのである。

中世の旅人たち

本書には従来の日本論の脱構築にかかわる方法的な諸章とともに、

網野における日本論の転換を準備した中世社会史に属する重要な章がある。それは「中世の旅人たち」（第3章）である。旅人たち，遍歴・漂泊する人びと，さらにいえば非定住の移動者たち，これらの人びとから歴史が見られたことはあったか。歴史とは定住者のものではなかったか。権力とは中心的定住者のものであり，歴史とは常にそこから語られてきたのである。定住者から見れば非定住的漂泊者とは異人であり，やがてその賤視とともに彼らは非人とされていく。だがこの非定住の旅人から歴史を，そして社会を見たらどうなるのか。中世とはこの旅人から見ることを可能にする時代であり，社会であった。彼らによって見直すことが可能な旅人たちが中世にはいたのである。無縁であることによって自由である旅人たち，天下公認の技をもって移動する職人たち，などなど。網野はこの漂泊する旅人たちの視点によって日本社会の歴史記述を一変させたのである。網野中世社会史とは開かれた日本への最初の扉を明けた偉業である。

網野善彦（あみの・よしひこ　1928-2004）
　歴史学者，日本中世史。名古屋大学助教授・神奈川大学教授を歴任。主な著作に，『蒙古襲来』『無縁・公界・楽』『日本中世の非農業民と天皇』『異形の王権』『日本社会の歴史』『「日本」とは何か』など。『網野善彦著作集』全18巻別巻1（岩波書店，2007-2009年）がある。

参考・関連文献
　季刊東北学1『〈国史〉を越えて・網野善彦追悼』柏書房，2004年11月

（子安　宣邦）

山尾幸久

『日本国家の形成』

岩波新書，1977年

——東アジア史のなかの日本と天皇——

戦後歴史学における民族＝国家観の転換点

　アジア太平洋戦争において大きな惨禍をアジア各地にもたらした天皇制国家日本は，どのようにして生まれたか。また敗戦国として連合国の支配下にある日本民族はいかにして独立すべきか。1949年から51年にかけて，日本と米国との間の単独講和条約・安全保障条約の締結をめぐる国民的な反対運動が高まる中，この二つが日本史学界全体に関わる問題として広く議論されていた。藤間生大・石母田正らは，日本民族が真に自立するには国民自身が民族文化の歴史を正しく知り，一体感をもつことが必要と主張し，国家成立前史を明らかにするために民族の英雄が活躍した時代＝「英雄時代」の概念を提示する。これに対し，民族概念の歴史性や王権の位置付けをめぐり激しい議論が巻き起こった。

　当時，マルクス主義史学者のように日本社会の前近代性・抑圧性を批判的に論じる場合も，また津田左右吉のように天皇を中心とする国民の家族的一体性を評価する場合も，本来別個の範疇であるはずの民族と国家は，ほぼ無限定に不可分一体のものと理解されていた。古代史の分野においては次のような説明が1960年代まで一般

的であった。農耕社会が発展して日本民族内部で社会階層の分化が進み，近畿地方の強大な勢力による各地の部族社会の統合が行われ，4・5世紀に世襲王権による全国統一がほぼ確立し，そのもとで整備され始めた専制的な政治体制が，6世紀に入ると対外的には朝鮮半島の「任那(みまな)」支配の動揺，国内的には強勢な豪族間の争闘によって不安定化する。しかし7世紀初頭の聖徳太子の治世，645年の蘇我氏排除に端を発する「大化改新」を経て天皇を中心とする国家体制が再建され，最終的に律令国家として完成するという。そこでの倭王－天皇は，日本列島各地に展開するアジア的共同体を集積して成り立つ国土を体現・象徴する存在であり，しかも支配下の住民を一つの民族的集団として組織するただ一人の主権者と理解される。すでに古墳時代中期に世襲王権が成立していたという理解は，『古事記』・『日本書紀』の崇神・応神・仁徳天皇の項の記述を史実の伝承，以降の記事を基本的に史実の直接的反映（史実性が高い）とする史料批判の方法論に立つものであった。

　こうした民族＝国家の理解に対し，1960年代前半に相次いで現れた「東アジア世界」史論の視座は大きな衝撃を与える。中国史の西嶋定生(にしじまさだお)は，漢－唐王朝の時代，中国・朝鮮・日本・ヴェトナムにおいて，中国王朝の政治秩序を媒介とする完結的な一箇の文明圏が成立していたとし，「冊封体制」と呼んだ。これにより，日本民族とその国家は「東アジア規模の歴史的空間の政治機構の中での，長期にわたる形成過程をもつ」という視点の必要性が問われることとなる。また石母田正は，日本の古代王権が中国の世界帝国的秩序のなかに「東夷」の朝貢国として組み込まれながら，日本国内に対しては「大王」としての統治権をもち，同時に朝鮮半島南部地域を支配する「小帝国」の帝王でもあったとする「東夷の小帝国論」を提

示した。日本の古代王権を成り立たせる所与の条件としての東アジア国際秩序と,朝鮮への「大国意識」の長期にわたる持続を初めて構造的にとらえた論である。これらの背景には,中国・ソヴィエト連邦間の対立,ヴェトナム戦争の激化など,アジアにおける日本の役割や立場を問われる国際問題が明確に意識されていた。敗戦直後の「日本民族とは何か」という問いが新たな状況のなかで厳しく問い直されたのである。

東アジア史的視点からの史料批判

　こうした民族＝国家観の転換を受け止め,日本列島における4世紀後半から7世紀末に至る国家形成史を東アジア史的視点から全面的にとらえ直したのが山尾幸久『日本国家の形成』である。これまで国家間の外交史あるいは民族間の文化交流史という文脈で論じられてきた古代の日朝関係史を,王権の存立基盤となる政治的関係として国家形成史の核に据えたこと,そして自明の歴史的定点とされてきた「大化改新」の実在性について批判的に再考し,律令国家の出現と同時に「日本天皇」が創造されたとしたこと,この2点に主張の独自性がもっともよく現れている。

　前者については,「東夷の小帝国」論の実証的基盤とされていた4・5世紀における「任那」支配の実態について,基礎史料となる『日本書紀』神功皇后摂政前紀や顕宗・継体天皇紀の「任那日本府」記事,高句麗広開土王碑文の「倭兵来寇」に批判を加え,倭国による「任那」直轄支配を明確に否定した（「序　任那支配の再検討」）。6世紀後半以後に倭国が百済・新羅から得た「任那の調」（朝鮮半島南部・南加羅地方からの朝貢物）は,かつて実在した直轄支配を根拠としたものではなく,百済から派兵を求められたことへの対価とし

て得たものだが，これが後に神功皇后による朝鮮三国征討以来の朝鮮統治の正統性の政治的根拠として貴族たちに記憶されていったと考えられる（「2　推古朝の国家の段階」）。また，記紀（古事記・日本書紀）に4世紀後半のことと書かれている朝鮮系移住民（秦氏・漢氏）の渡来時期は，実際には5世紀後半であり，彼らがもたらした大規模土木や製鉄・農地開発の技術が日本列島の生産構造を大きく変え，西日本における畿内政権の優位が決定的となった。これに対抗して朝鮮半島との独自の外交権を手中に収めようとした筑紫君磐井の勢力が530年に武力によって制圧されると，これを期に近江出身の大王継体の系統から，新大王欽明への権力委譲が行われ，以後この血統による血縁世襲制が確立する。山尾はその意義を「古代国家と倭民族との形成の契機となった統一戦争なのであって，国家形成史上の一大画期」と位置付ける（「1　磐井の反乱の意義」）。通説が4・5世紀から7世紀前半に至るまで全人民をとらえる支配機構と考えていた部民制・屯倉制・国造制についても，実際はその多くが世襲王権形成以降に展開したもので，王権による土地への支配も限定的であったとした（同2章）。

　後者については，640年代に唐朝による高句麗攻撃を契機として朝鮮三国でクーデターが相次ぎ，それへの外交方針をめぐる対立が，倭国における蘇我氏打倒の政変の直接的原因となったとし，この645年の政変後，数年間の「改新」によって律令国家の制度的基盤がほぼ整えられたとする通説を批判している。検討の方法は，『日本書紀』孝徳天皇紀にある「改新之詔」を初めとした関連条文や，高句麗から導入した地方制度である「評」についての『常陸国風土記』等の記述を一つ一つ検討し，それらが同時代についての原史料に基づくものか（年紀が信用出来るか），それとも8世紀以降の国家

的正史撰集事業のもとで，編纂時の現実に即して潤色・再編されたものかを吟味してゆくというものである。古代史学界において「改新」記事の作為性を問題視した「大化改新虚構論」は，1965年に原秀三郎や門脇禎二らによって主張され，本書もその視点を承けており，「改新」関連条文のうち冠位制・官人給与制の統合による中央政治組織の一本化，屯倉制の地域別再編（国郡制の前提）のみは7世紀半ばの史実，他は7世紀後半に段階的に進められた改革を孝徳朝の政策として一括したものとの見通しを示した（「3　大化改新の実態」）。かつて初期に発表した論文で依拠していた通説の歴史像への違和感を解くために，山尾は「虚構論」にとどまらず記紀への史料批判の方法論を作った津田左右吉まで立ち返り，編纂者の思想と知識による史料の再構成の痕跡をたどるという方法を選んだのである。

天皇を支えるものは何か

本書「4　天皇制国家の特質」では，7世紀後半における律令国家の人民支配の確立と，究極的権威としての「天皇」の出現，いいかえれば「日本国家の完成」までの経緯をまとめている。白村江の戦い（663年）での壊滅的な敗戦が契機となり，天智天皇のもとで「自律的な土豪社会の相互関係に国家権力が介入して，旧部族的組織の枠組みを公的存在とし，人間集団を掌握」することで，律令国家の基盤となる「公民」が成立する。それはあくまで理念上の存在であり，直接生産者への苛烈な収奪が現実の姿だったが，この仕組みは畿外地域を支配する土豪層の権威主義や政治的特権への願望を吸収するとともに，階級的分裂を唯一抑えることが出来る法の超越者たる「天皇」の創出によって初めて可能となった。日本とは「大

王を中核として結集した王族や百数十の畿内閥族の国家」である。これが結論である。

　日本における天皇と人民との密接な関係は，畿内閥族（後の貴族階層）の代表者である古代の天皇と，直接生産者を支配する畿外土豪（国造・郡司層）が結集せざるを得ない東アジア地域の変動に直面したために成立したものであり，国家形成以前から日本民族を貫通する必然的関係などではない。抑圧性を理由に揚棄しようとしながら，なかなか否定することができない「民族」の重さを見すえるには，歴史学の批判性を高める以外に方法はない。本書の切実な問いかけは，社会への問いを見失いつつある現在の研究状況を撃っている。

山尾幸久（やまお・ゆきひさ　1935- ）

　歴史学者，日本古代史・日朝関係史。幼少期を撫順で過ごした経験が，日本に対する視点のもとにあると述べている。立命館大学名誉教授。主な著作に，『日本古代王権形成史論』『新版・魏志倭人伝』『古代の日朝関係』『日本古代国家と土地所有』『「大化改新」の史料批判』など。

参考・関連文献

　石母田正「古代史概説」（初出1962年。『著作集』第12巻所収，岩波書店，2001年）

　山尾幸久「「日本書紀」の国家史の構想　一，二の予備的考察」（『日本思想史学』第28号，1996年）

　李成市『東アジア文化圏の形成』（山川出版社，2003年）

（田中　聡）

津田左右吉

『神代史の新しい研究』

二松堂書店,1913年

——民族史の誕生——

実証史学の起点

　日本における近代的実証史学の成立を論じる上で,現在まで大きな影響を及ぼしている方法論として,津田左右吉が創出した史料批判を欠くことは出来ない。ではそれはどのように立ち現れたのだろうか。

　幕末期から明治前期にかけて,政府による近代国家の正史編纂,また啓蒙家による近代市民の教育などを目的として西欧の実証主義的歴史学が導入された。その過程で,近世後期以来広く展開した様々な史論との間に,歴史観や方法論の混交・摩擦や変容が生じた結果,1880年代には日本固有の単一的時間軸と,朝鮮半島までも版図に含む歴史地理的領域観を基盤とする「国史」の枠組みが生みだされる。国民国家日本の歴史が人類史一般に通ずる普遍性をもつことを科学的に証明し,さらには他国に優越する価値を本来的に有していると主張するために,人類学や生物学,言語学など,同時代の学知が総動員された。その際に大きな問題となったのが,『古事記』や『日本書紀』など古代の史書の冒頭で語られる「神代」に登場する神や超自然的な出来事をいかに合理的に理解するかであった。

明治政府は万世一系の天皇が大日本帝国の統治者であることの根拠を記紀神話に求めながら，その意味についての説明は回避する姿勢をとっていたが（伊藤博文『大日本帝国憲法義解』），この当時既に，久米邦武らによって，高御産巣日神(たかみむすびのかみ)を天孫族の祖としたり，海幸彦(うみさちひこ)・山幸彦(やまさちひこ)の物語も大和朝廷による「隼人及び土蕃」の征服とするなど，原始時代に実在した人物や出来事の「譬喩」的表現であるとする理解が一般にも浸透しつつあった。ところが，19世紀末のヨーロッパで宗教学や文献学・人類学等を学んだ姉崎正治・白鳥庫吉(くらきち)らがこうした説の恣意的解釈に疑問を呈し，他国の神話と日本古典の「神代」の記述を同列に比較検討することが可能であると主張し始める。比較神話学の誕生である。古代の事実が単純に物語化して伝わったのではなく，「神代」の物語もまた古代人の創り出した思想の作品なのだ。だとすると『古事記』・『日本書紀』それ自体も，古代人の思想を編纂した構築物といえるのではないか。白鳥の薫陶を受けた津田左右吉が『神代史の新しい研究』と題する最初の著書で掲げたのは，まさにこの問いである。

「神代史」という新たな研究視角

本書の構成をみてみよう。緒論では国民思想史研究の一環としてまだ解明されていない「神代史全体の組織，其の精神」，「物語と歴史的事実との関係」を独自の方法で究明するという目的を示し，第1章では記・紀の神代の物語をまとまったエピソードごとに分解し，その挿話が物語の全体を成り立たせるために不要な「遊離分子」を除いて両方に共通するものを本来的要素とし，それらのみで「神代史の骨子」を構築する。この作業の結果残った要素は，①イザナギ・イザナミによる国土・日月神・スサノヲ生誕，②スサノヲの高

天原行きと日神の岩戸隠れ，③日孫（天孫）降臨とオホナムチ＝大国主命の国譲りの三つとなった（第2章）。これらは神代史の構成の「中心点」といえるが，国土が生まれた後に日神が生まれ，その支配下にあるはずの国土がオホナムチからわざわざ地上に降りた日孫へと譲られるという，非常に入り組んだ構造となっている。

　内部で完結した論理に基づくはずの「神代」に，こうした破綻が見られるのはなぜなのか。悩んだ津田は，神代史それ自体の成立過程を想定することでこの難問に答えようと試みる（第3章）。まず最初に総ての物語に通ずる根本としての太陽信仰に基づく日神＝皇祖の物語が作られ，皇室の由来と関連づけるために日孫降臨の物語が付加され（第一段），次いで，日神が皇祖である理由を明らかにする国土・日月神生誕の物語が作られた（第二段）。さらにスサノヲおよびオホナムチの物語が最後に案出される（第三段）が，この三段目は当初なかったが，一・二段目の形成途上でなお大和から独立した敵対勢力が出雲に存在し，その服属と大和への東征・奠都が行われたという史実に基づいて創出されたと考えた。ところがそのために，本来「民衆の幸福の神」であるはずのオホナムチが皇室といったん敵対し，降伏するという大矛盾が生じる。これを解消するために持ち出されたのが血族関係であり，日月神‐スサノヲ‐オホナムチを血統で結ぶに止まらず，木の祖ククノチや海の神ワダツミなど民間信仰の対象となる神々までも結びつけ，「民間信仰と国家の統治権との結合が血族主義で説明せられた」。こうして「神代史の骨格」が完成したのである。神代史は人類一般や民衆の由来を一言半句も説明してはおらず，皇室の由来を具体的に説明するために宮廷の識者によって継体天皇前後（6世紀初め）頃に作られた政治的神話であったと結論づける（第4章・第5章）。記紀という古代の

テクストは，こうして日本民族史の出発点を示す作品として読まれることとなった。「神代」は津田によって初めて歴史化されたといえるのではないか。

神話を内破する視点

これまで津田の神代史論を評した多くの論者は，彼が神武から仲哀天皇に至る一四代についても厳密には歴史といえず，神代の物語と同様に6世紀中頃，帝紀・旧辞の材料となる記録が作られる過程で創出されたとする点を取り上げ，これが後年の津田への政治的弾圧（不敬罪による告訴・著書の発禁処分。1939・40年）の原因となったと論じる。記紀研究への本格的な科学的文献批判法の導入という点に津田の新しさをみるのである。また，本書第1〜3章や続編などで展開される，神話の要素分解と時系列上への再配列，主要要素の構成を復元し，物語の形成過程を想定する方法論は，戦後の歴史学的な神話研究の基礎となってゆく（本書，三品彰英の項など参照）。しかし他方，現在の神話研究においては，津田の神代史論を「単純な合理主義的解釈」と評したり，文献批判によって民俗・信仰に根ざす伝承までも作為としてしまうといった問題性が指摘されている。最近では，津田に発する「神代史」論も，その批判的継承を行ってきた比較文化論的神話論や記紀神話論も，ともに近代国民国家の民族的根源を構成する「日本神話」の枠組みを再構成する新たな神話作りになっているとの批判もある。

では，本書の命脈はもう尽きているのか。津田は本書において，日本「神代史」のアポリアを，人間個々の「人生問題」に関わる神話が遂に生まれ得なかったところに求めている。なぜ日本の神話はギリシャやインド，「支那」の神話のごとく，国民的英雄神が活躍

する叙事詩,国民的精神の結晶とはならなかったのか。それは古来より自然に恵まれた豊かな風土で生活が安定し,「国民がみな同一民族であつて,其の間に争闘の起ることも少なく,絶海の孤島にあるから異民族の侵入もうけず,概して平和な生活を営んでゐた」ため,絶対的な天の支配や根源的な悪魔の観念を生む必要もなく,皇室は氏族－国民と血縁で結ばれ,国民を外部から威力で圧伏することもなく自然に「民族的結合の中心点となり国民的団結の核心となってゐ」たからである。神代史が「生きた神の世界」ではないのは,他国のように「常に人の世界と共にあり」「人生を精神的に支配する」神の観念が日本に存在しなかったためであり,神代は国民の人世観・世界観の表象として発展することもなく,「現実の人生とは何の関係も無い遠い昔」のこととして神秘の扉が堅く閉ざされてしまったというのだ。だが「切実に生の苦痛を味はないものは,また,真に生の歓楽を領することができ」ず,このことは後世の「平凡なる満足主義,浅薄なる現在主義」に流れやすい国民性にも影響していると津田はいう。これは三年後に発表される『文学に現はれたる我が国民思想の研究』「貴族文学の時代 序説」での主張の先取りといえる。ここで「民衆の幸福の神」であるオホナムチが皇室と敵対した物語の扱いに津田が苦慮していたことを想起したい（第3章）。彼は記紀の神代のなかに,確かに「人生問題と交渉する」物語,文学を発見していた。しかしそれは英雄の物語に発展せず,皇室と「親和」し血縁の網のなかに収まってしまう。それで神話は生きているといえるのか。

　津田が神代史の方法的確立をはっきりと意識した1924年の岩波書店版では,彼のこの思考の揺れの痕跡はほとんど消されてしまっている。だが本書には,「日本民族固有の歴史の起点」としての神

代史を内破するための鍵が，はっきりと残されている。

津田左右吉（つだ・そうきち　1873-1961）
　歴史学者，日本古代史・文化史，中国思想史。『津田左右吉全集』（全33巻別巻2，岩波書店）ほか，多数の著作がある。『神代史の新しい研究』は全集別巻1に所収。

参考・関連文献
　家永三郎『津田左右吉の思想史的研究』（岩波書店，1972年）
　上田正昭編『人と思想　津田左右吉』（三一書房，1974年）
　五井直弘『近代日本と東洋史学』（青木書店，1976年）
　田中聡「「上古」の確定」（『江戸の思想』8，ぺりかん社，1998年）
　今井修編『津田左右吉歴史論集』（岩波文庫，2006年）

（田中　聡）

和辻哲郎

『日本古代文化』

初版 1920 年／改訂 1925 年／改稿 1939 年／新稿 1951 年，岩波書店

——偶像再興としての「日本古代文化」——

偶像の破壊

　和辻哲郎は『日本古代文化』初版の序で，「在来の日本古代史及び古代文学の批評」は彼にとっては「偶像破壊の資料」に過ぎなかったといっている。少年時代以来，和辻はさまざまな理由から「日本在来のあらゆる偶像を破壊しつくして」きたという。明治22（1889）年生まれの和辻にとってその青少年期は日露戦争の戦後という時代である。日本は日露戦争とともに帝国主義的近代に入っていくのである。和辻ら明治後期の青年における近代意識の形成は，眼前の近代への批判意識の生起とともにであった。青年和辻の最初の著書が『ニイチェ研究』（1913）であることは象徴的である。彼らは近代にそれが作る偶像の破壊を通して向き合うのである。

　和辻にとって「偶像破壊の資料」であったという「日本古代史及び古代文学の批評」とは，津田左右吉の記紀批判を意味していた。津田の記紀批判の最初の著作『神代史の新しい研究』が公刊されたのは大正2（1913）年である。『古事記及び日本書紀の新研究』の刊行は大正8（1919）年である。和辻のいう「批評」とは古典的文献の「高等批評」の謂いであり，文献学的なテキスト批判，史料批判

を意味している。古典的文献をはじめ古代史料のテキスト批判的な吟味が古代についての学問的作業の前提として重視される。津田ではこの文献批判が彼の学問的作業の前提というより，学的作業そのものでもあった。津田の『神代史の新しい研究』の刊行に先立つ時期に白鳥庫吉が「『尚書』の高等批評」(1912) という文章を発表している。白鳥は津田を先導する文献批判的方法意識をもった最初の東洋史学者である。同じく文献批判的方法意識をもった内藤湖南が東洋史講座開設のために京都大学に赴任するのが明治40年（1907）である。彼らによって新たな東洋学(オリエンタリスティク)あるいは支那学(シノロギー)が成立する。この学問的意識をもって日本古典が批判的に見られるとき，津田の日本古代史学が成立することになる。かくて『古事記』『日本書紀』という神典の原典性そのものが批判的に吟味される。聖なる成立時に鎮まっていた『古事記』の原典性は，容赦ない文献批判によって一つの編纂過程をもった人為のテキストへと解体されていくのである。それはまさしく偶像の破壊である。

　記紀とは明治日本において国家の原初的な成立を証す根元的史料であった。明治における近代国家としての日本の成立が記紀をこの根元的史料として要請したのである。神話における神武創成が日本国家の歴史的紀元とされたのだ。記紀とは日本近代が作り出した偶像である。この偶像に向けていま文献批判という偶像破壊的方法が用いられようとするのだ。これは近代国家日本が直面した逆説的な事態である。文献批判・史料批判を前提にする近代的な歴史研究，古代研究の成立が，近代が作り出す国家的原典という偶像を破壊しようとするのである。それは明治末年から大正にかけての時代である。24歳で『ニイチェ研究』を処女出版した青年和辻も，この偶像破壊的な時代的エートスの中にいたのである。

偶像の再興者

「日本文化，特に日本古代文化は，四年以前の自分にとつては，殆ど「無」であつた」と最初に引いた「初版序」で和辻はいつている。「四年以前」とは和辻が『ニイチェ研究』を出した時期，明治末年から大正の初年にかけての時期である。その時期，記紀の日本古代文化は彼にとって無かったのである。顧みるべき何物でもなかったのだ。それは『日本古代文化』が出る大正 9 (1920) 年に先立つ僅か 4 年前のことであった。津田らの文献批判が偶像を解体し去った後，記紀は顧みる価値なくそこにあったのである。だから和辻は「記紀の上代史が神代史と共に後世の創作であるといふことは，もう疑の余地がないと思ふ」(改訂版・「上代史概観」) と書くのである。だがその言葉を和辻は反転させ，「たとへ一つの構想によってまとめられた物語であつても，その材料の悉くをまで空想の所産と見ることは出来ぬ」というのである。これは見捨てられた記紀の読みの可能性をもう一度見出そうとする言葉である。和辻の『日本古代文化』は，一度破壊された記紀という偶像の再興を図ろうとする書である。だからかつて偶像破壊者であった自分はいまここでは，「すべてが破壊しつくされた跡に一つの殿堂を建築すべく，全然新しい道を取らなくてはならなかつた」と「初版序」に書くのである。和辻はいまや偶像の再興者になるのである。

和辻の『日本古代文化』とは，津田の記紀批判という偶像破壊を受けてなされた偶像再興の作業である。記紀における神代史・上代史の記述が後人の創作になるものであることはもう疑う余地はないと和辻は津田の記紀批判を受け入れながら，しかし「その材料の悉くをまで空想の所産と見ることは出来ぬ」といっていた。もちろんそうだ。津田が記紀の神代史を後人の創作というとき，そこに編述

された説話・民話の類がすべて後人によって創作されたなどといってはない。一定の意志をもった官人の編述を創作といっているのである。その創作的意志の遂行の過程で説話の原形もまた変容されたのである。説話は作為をもって神代史に編み込まれる。それを明らかにするのが津田の説話・物語分析をともなった記紀批判である。神代史の編述を貫く創作意志とは，日神を皇祖神として皇室の創成を語り出そうとする意志である。だから津田の記紀批判は，皇祖神を中心とした皇室の思想を神代史の骨子として明らかにするのである。皇室の存在は津田の記紀批判によって記紀の創作意志との相関のうちに置かれることになる。津田の記紀批判はたしかに天皇制国家権力にとっては禁止されねばならない破壊的言論であった。そして和辻にとっても津田の記紀批判は偶像破壊を意味したのである。

　偶像破壊とは人びとの奉じる神を殺すことである。偶像の再興とはその神を再び祭壇上に奉じることである。津田の記紀批判は神を殺したわけではない。神を裸にしてしまったのだ。日本の神がまとっていた共同体の装いを彼ははぎ取ってしまったのである。記紀は皇室の成立を語っても，民族の成立を語るものではないと津田はいった。記紀の神代史とは，国民の精神の結晶というべきものではないともいった。それを奉じる人びとから切り離された神とは，殺されたにも等しいというべきかもしれない。和辻は津田の記紀批判を偶像破壊だとした。彼はいま破壊された偶像を再興しようとする。ではどのようにしてか。はぎとられた共同体の装いをもう一度日本の神に着せることによってである。神代史に編み込まれた説話や民話からもう一度それらを語った人びとの息づかいを聞き出すことによってである。神が再び共同体の神として，神と民族とが一つのものとして神代の物語から読み出されたとき，偶像は再興されたとい

えるだろう。『古事記』と日本の古代民族文化がもう一度和辻によって発見されなければならない。

『古事記』の復興

「古事記を史料として取扱ふためには厳密な本文批評を先立てねばならぬ。しかしこれを想像力の産物として鑑賞するつもりならば、語句の解釈の他に何の準備も要らない。しかも古事記がその本来の意義を発揮するのは、後者の場合に於てではないだらうか」（改訂版「古事記の芸術的価値」）。和辻は『日本古代文化』における『古事記』再評価の章の冒頭でこう述べている。津田の解体的批判は記紀を歴史的史料としてみなすことの上になされたものだ。だがその『古事記』が歴史的資料としてではなく、文化的あるいは文学的資料としてみなされるならば、その意義は別個に見出されるはずだと和辻はいうのである。彼は「想像力の産物」としてみなそうとする。ここで想像力とは恣意的な空想をいうのではない。民族の国家的な統一を作り出す政治的制作力と同等な文化的な統一を作り出すような文学的創作力をいうのである。この創作力をもった作者とは誰か。神話・民話として語り伝えられた『古事記』をもしすぐれた一つの作品というならば、その本当の作者とは一つの言語（日本語）をもった、神話・民話の想像力豊かな語りの匿名的多数の主体であるだろう。日本語をもった文化の共同的主体とは日本民族にほかならない。『古事記』を和辻が一つの芸術的作品と認めたとき、彼は作者としての日本民族をその作品の背後に見出していたのである。

『日本古代文化』で和辻は、「我々の上代文化観察はかくの如き「出来上つた日本民族」を出発点としなければならぬ」（「上代史概観」）といっている。彼は考古学的遺物をはじめ歌謡、神話、信仰、

音楽，造形美術などによって上代文化を考察するが，その文化の共同的形成主体である日本民族がすでに出来上がっていることを前提にするというのである。混成せられた民族がすでに「一つの日本語」を話すところの「日本人」として現れてきていることを前提にするというのである。『古寺巡礼』(1919) の著者和辻にしてはじめてなしうるような「日本古代文化」の考察とは，芸術性豊かな日本民族を文化的遺物を通して読み出すことでもあるのだ。『古事記』とはこの日本民族の最初にして最古の芸術的作品である。昭和の偶像はこのようにして和辻によって再興される。

和辻は『日本古代文化』(初版 1920) を三度改訂した。考古学的遺物や文化的産物によって日本民族の形成を辿ろうとする和辻の作業は，それら遺物の考古学的発見と鑑定結果・研究の進展に依存している。それゆえ「上代史概観」の改訂がくりかえされることになる。大正 14（1925）年に改訂版が，昭和 14（1939）年に改稿版が，昭和 26（1951）年に新稿版が刊行され，その都度版を重ねた。『和辻哲郎全集』第 3 巻は新稿版を収めている。

和辻哲郎（わつじ・てつろう　1889-1960）
　倫理学者，文化史家。主な著作に，『古寺巡礼』『倫理学』『風土』など。『和辻哲郎全集』（岩波書店，増補版全 25 巻別巻 2）がある。

参考・関連文献
　湯浅泰雄『和辻哲郎』（ミネルヴァ書房，1981 年）
　子安宣邦『和辻倫理学を読む』（青土社，2010 年）

（子安宣邦）

三品彰英

『日本神話論』

同論文集第1巻,平凡社,1970年

―― 古代神話の多様性をとらえる ――

「神代史」という研究視角

　近代日本における古代神話研究は,幕末以来の「国家神道」創出の動きに併行し,西欧の実証主義的歴史学が導入されるなかで展開してゆく。これまで多様な宗教的解釈が加えられてきた『古事記』や『日本書紀』などのテキストを批判的に検討し,記述内容の史実性を問うなかで,これらの冒頭で語られる「神代」をいかに合理的に理解するかが重要な課題となった。それは,日本の歴史が人類史に通ずる普遍性をもっていることを,学問的に証明する上で必須のことだったが,1880年代には神話に登場する神や超自然的な出来事を,原始時代に実在した人物や出来事を「譬喩」的に表現したものとするような理解に止まっていた。これを大きく転換させたのが,先の項で述べた津田左右吉『神代史の新しい研究』である。津田は,記紀神話の編纂目的に着目し,それは皇室の由来や天皇による永遠の統治を正当化することにあったと断じる。記紀の「神代」の記述内容を比較して,両者に共通する主要な神話要素を抽出し,それを一定の論理のもとに並べ替えることで,6世紀以降,大和朝廷で行われた史書「帝紀・旧辞」の編纂事業のなかで創り出された政治神

話の原型を再構成できると考えたのである。これまで個々のテクストごとに完結した世界を構成していた「神代」は, 津田の手でテクストから切り離されて単一的な国家神話として縒り合わされ, 物語が作成された現実の歴史的時間に位置付けられた。当時,「神話が描く有史以前の時代」を指す語として漠然と用いられていた「神代史」は, 津田の登場以後,「日本神話の形成史」として理解されてゆく。

記紀神話の重層性

こうした「神代史」論を受けつつ, 日本古代の神話テクストの多様性にいち早く着目し, 戦後の神話研究を新たな方向に導くこととなる斬新な研究を行ったのが三品彰英である。天孫降臨神話について論じた最初の論文（1934）から, 1971年に亡くなる直前まで続けていた『三国遺事』考証まで, 日本と朝鮮の神話・伝承を中心とした文化史や書誌学で多様な成果を挙げており, 特に神話研究に関する論考は,『三品彰英論文集』全6巻の過半を占めている。『日本神話論』はその初巻にあたり, 神話研究の方法論に関する主な論考が集大成された本である。その斬新さをみてみよう。

三品は『日本書紀』の天孫降臨神話に本文と微妙に内容が異なる複数の異伝が挙げられていることに注目し,「各自にそれぞれの歴史を負うて」いる異伝の個性を, 本文との差異のなかに読み取ろうと試みる。仮に多くの異伝間の矛盾を合理的に整理して集大成しても, その再構成は各所伝の歴史を生かしたものとはいえず, 異伝を伝承した特定の有力豪族（氏）や共同体の存在を予想し, それぞれの成立時期を考える必要があるという。ここには明らかに, 津田が行ったような記紀神話の一元化への批判が読み取れる。

三品が行った具体的な作業は，記紀の本文・異伝にまで共通する主要な構成要素を抽出し，その一部のみ含んでいる異伝は物語の構成が素朴な原伝承に近い所伝，総ての要素を満たしている異伝や本文をより複雑な，発達した所伝と理解し，単純なものから複雑なものへと本文・異伝を並べ直すことである。同じ『日本書紀』に併載されている諸伝のなかに，神話の変容過程，いいかえれば時間の経過の痕跡が残っていると考えた。それは考古学者が地層と遺構・遺物の関係から年代観を確定していく方法と似ている。たとえば天孫降臨神話の構成要素のうち，天孫に随伴する神々の名は，天皇家と密接な関係を有する大和朝廷の有力豪族との血縁関係を示すもの，神器（鏡・玉・剣）の授与やアマテラスらによる「統治の神勅」については，大和国家の政治権力が制度化し，発達した段階の思想を反映するものであり，これらがみな揃っている『古事記』本文と『日本書紀』異伝の一部は，この神話の最も進化した形であるとみる。こうして，ベースとなる原伝承の上に幾重にも新しい神話要素が積み重なり，ちょうど若い樹木が「年輪」を重ねて大木になっていくように，日本の神話も原始神話期－儀礼神話期－政治神話期－知的神話期と発展を遂げていくと想定するのである。これが三品彰英の創出した新しい分析方法であった。

　津田の項で論じたように，津田「神代史」に対して「単一的国家神話の創出」であるとの批判が本格化するのは1960年代後半以降だが，それを先取りするかのような視点が，すでに1930年代半ばの三品にみられる点は注目すべきであり，そこには1937年に米国へ留学した折に学んだ，ロバート・ローウィやルース・ベネディクトら同時代の人類学者の影響を認めることが出来る。同じ「神代史」を取り上げながら，津田はそれを記紀の編纂を行った国家の側

から論じ，中国や朝鮮とは異なる日本固有の国民思想として捉えようとした。他方，三品は記紀の素材となる伝承を朝廷に提供した「氏」側に視点を置き，国家による個々の伝承の統合と組織化の過程を遡ることで，日本の古代文化のなかにある多様性，多元性に迫ろうとしたのである。

エクステンシヴとインテンシヴ

　戦後，彼はこの方法論による分析を他のエピソードにも行った。『日本神話論』に収められた，神武天皇の大和平定伝説を取り上げた論考では，その構成要素を時代毎の「文化相」（その時代固有の文化的特性）に対応させる新しい方法論を提示し，原初的なトコヨ信仰や久米舞などの要素を弥生時代，大伴氏の祖による先導やニギハヤヒの降臨・帰順を古墳時代の文化とし，橿原宮での即位や山陵の建造は推古朝に，詔勅や「日本」国号の制定は天武・持統朝にそれぞれ対応する文化だと考えた。先に挙げた「神話の年輪的考察」に対しては，異伝同士の比較により相対的に前後関係を考えるため，その神話が創られた絶対時代がはっきりしないとか，あるいは異伝の中には本文と重複する部分を省略する例もあり，そうした異伝を分析対象から除外するのは恣意的だといった批判が文学研究者らから出ており，「文化相」との対応説はおそらくこうした異見を意識して創られた第二の仮説であったと思われる。

　三品はこうした検討を重ね，その集大成として記紀神話体系の成り立ちを論じるに至る（「記紀の神話体系」）。この論考から三品の神話研究に顕著な二つの特徴が明確に読み取れる。一つは神話の素材となる伝承の重層性をとらえる視点である。古代の神話伝承は祭政史の発展とともに成長し，中国などからの外来思想の影響を受けて

変容する。その意味で「神話は新古両者を重層的に併せ含む複合体」といえる。たとえば浦島太郎の童話について、本来は南方系の海の民の伝承であり、海や水に関係の深い氏族の祖先伝承として語られていたが、奈良時代に神仙思想によって潤色され、近世には人倫主義のもとで教訓的な童話と化したとする（「国史と神話伝説」）。原伝承に異なった立場から新たな解釈が付与されていく過程を、ここに認めることが出来る。もう一つは、神話を構成する文化要素の時代性を、広く追究する視点である。彼はこう述べる。「神話のエクステンシヴ（extensive）な比較によって、世界史的キャンヴァスの上に、文化人類学的な歴史的再生像を描き出すことと同時に、「記紀」神話のみの発展過程をたどり、国内的にインテンシヴ（intensive）な研究によって歴史的に再構成することもまた必要である」。

先の「文化相」を論じる際には、中国や朝鮮をはじめとしたアジア地域に由来する文化要素が、同時期の日本にどう影響したかを考えることが必須であり、その意味でエクステンシヴ（広範囲）な比較検討を要する。そうした事例として、三品は東アジアの王権神話における日の御子伝承や穀霊信仰の共通性などを取り上げている（『論文集』第3巻・第5巻所収論考）。しかし同時に、日本神話の成立過程をインテンシヴ（集中的）に追究することで、文化の個性も併せて考えるべきであると主張するのである。

津田左右吉による記紀の史料批判を基礎としつつ、伝承者の側に視点を据え、多様な文化的基盤をもつ伝承が次第に重層して、日本神話が形成されていく過程を動態的にとらえようとするところに、三品の神話論の特徴がある。この開かれた視点には、今なお学ぶべきところが多い。

三品彰英（みしな・しょうえい　1902-1971）

　歴史学者，日本文化史・日朝関係史。大谷大学・同志社大学教授を歴任した後，大阪市立博物館の初代館長。滋賀県野洲郡小津村三宅の古刹・蓮生寺の住職でもあった。主な論考は『三品彰英論文集』（全6巻，平凡社，1970～1974）に収められており，他に『増補上世年紀考』（那珂通世原著に三品補注）『蓮如上人伝序説』『三国遺事考証』『日本書紀朝鮮関係記事考証』など。

参考・関連文献
　三宅和朗『記紀神話の成立』（吉川弘文館，1984年）
　田中聡「三品彰英の神話研究」（『近江の文化と伝統』，2010年）

（田中　聡）

西郷信綱

『古事記の世界』

岩波新書，1967年

——古代人にとっての神話の「構造」——

歴史主義的神話論への異議申し立て

1960年代後半から70年代にかけて，日本の神話研究における主な潮流は，比較神話学や歴史学の立場からの歴史主義的な神話論であった。具体的には，『古事記』や『日本書紀』など古代のテキストに含まれる「神話」の前提に，古代国家を形成する王権や有力豪族がそれぞれ代々語り伝えてきた氏族伝承が存在するとし，これを基盤として単一的な国家の神話，「記紀神話」が形成されていくと考える。津田左右吉の神話論を批判する松前健・岡田精司らの研究や，本書で別にとり上げた三品彰英の神代史論は，まさにこうした立場にたつものといえるだろう。

松前や岡田の研究には，アジア太平洋戦争期に自由な学問研究を厳しく圧迫した軍国主義が，天皇の正統性や日本民族の優越性を説明するために日本神話を利用したことへの厳しい批判と反省がある。そこで天皇による国土の統治の由来を説明する「記紀神話」の創出によって見失われてしまった，各氏族固有の原神話＝氏族伝承を再発見することで，国家イデオロギーとしての「記紀神話」を相対化・歴史化しようとしたのである。国家以前の未開で個別的な「生

きた伝承」が，国家という文明の思想によって整理・解釈されたものこそが神話であるという方法的視点がここにみられる。

　こうした理解に対し，国文学研究の立場から鋭い批判を投げかけたのが西郷信綱である。『古事記の世界』の序「古事記をどう読むか」において，彼はまず津田左右吉『日本古典の研究』における記紀神話の解釈を問題にする。津田の基調には19世紀的な知性主義，すなわち文化の未発達な時代（昔）と文明化された現代（今）とを，あたかも「原始の魔術にたいする現代の科学」（フレイザー）のように対置する思考があり，現代からみて「不合理で私たちの日常経験に背馳した形をとってあらわれ」ている多様な説話を「後人の追加」や「潤色」などと片づけてしまっている。しかしそれは濫用に過ぎる。「果して魔術は誤れる科学であり，神話は幼稚な「思想」であるか」。津田を起点とした歴史主義的神話論には現代人特有の合理性への過信と，抜きがたい非合理性への軽視がみられるが，それではナチズムや天皇制ファシズムのような20世紀の「代用神話」の再生産は防げない。そうさせぬためには，人間における非合理性と合理性との複雑な相互関係が，昔と今とでどのように構造的に異なっているかを追究し，「人間の生にとって神話とは何かという根源的な問い」を再び立て直さねばならないと彼はいう。これは奇しくも，津田の起点となった「人生問題と交渉する」物語の発見という問題意識と重なるが，西郷は古代特有の言葉の解釈から独自の方法を組み立てていく。

現代における「言」と「意」

　西郷はすでに戦前から近世の文献学の系譜を研究し，なかでも本居宣長の方法論に注目していた。『国学の批判』（1948）において，

宣長は文献学によって実証性を獲得し，観念的合理主義を克服するに至ったが，それを突き詰めた結果として知性的・科学的合理性そのものの全面否定（不可知論）に陥ってしまった。そこに時代の限界があったと評している。本書あとがきでは更に一歩進み，社会人類学（エヴァンス・プリチャード）の原始的文化・社会との対話やメルロ・ポンティの現象学と並んで，宣長の国粋主義や神秘主義などの「愚行」までも含めて，「《さかしら》つまり観念による捏造や上空飛行をしりぞけ，知覚の信にもとづいて事物の本質を洞察しようとした」学問的態度に学ぶとある。

第1章「神話の言語」，第2章「神話の範疇」は本書の方法論を説明する章であり，本居のいう「言」と「意」，つまり『古事記』に用いられた言葉と神話的思考の本質（を成り立たせる範疇）の関係を論じる。「言」として選ばれたのは「葦原中国(あしはらのなかつくに)」であり，現代の一般的解釈では「日本国の古称」「五穀の豊穣な沃土」などと，過去の特定文献の文脈から切り離して今日の観念・論理から現代語訳してしまったため，これが「高天原よりいへる号」（本居宣長『古事記伝』）であることが見失われた。だがこの語句が表すのは，現実に存在する「大和」のような客観的な場所などではなく，神聖な天上の他界＝高天の原と対になり，穢れに満ちた死の世界である黄泉の国と境を接する「中間の世界」である（高天原－中国－根国の三層構造）。また同様に『古事記』の中の出雲・伊勢と大和の配置は，それぞれの地に勢力を張る集団間の政治的関係の反映などではなく，宇宙軸としての天皇を中心とした世界（大和）を中心に，天照大神を中心とした天つ神の世界（伊勢）と，大国主を極として収斂される国つ神の世界（出雲）を二元的に対向させたものと理解される。神話の中のこの二元性は，聖－俗－穢，善－悪－罪，陽－陰

－暗といった範疇に類別でき、須佐之男命の罪穢や大国主神の国作りなど、具体的な神話のなかで繰り返しあらわれる（第3〜10章）。

　西郷はこのように、『古事記』を「内的構造を有する一つの作品として取扱う」（「古事記研究の反省」『古事記研究』）方法を示し、同じ神話的範疇が何度も反覆される理由を、古代に行われていた祭式と神話との不可分の関係に求める。たとえば天孫降臨の神話と新天皇即位時の大嘗祭とは内容的に対応するが、後者は平安時代など特定の時代に限定された一回性の儀式空間ではなく、「無時間」の神話世界に置換可能な構造をもっている。同じように神武天皇の東征と建国の物語（歴史の創造）は、祭式の上では「通時関係に翻訳された即位式」である。こう考えたとき、津田らの「神代史」研究が古代王権の形成史に読み換えた『古事記』の「神代」とは、現実の歴史とは考え得ない。それは「この世のすべての秩序がそこに始源する絶対的過去であることによって、同時に魔術的に今としてあらわれるところの一つの神話的な無時間世界」に他ならない（結び）。これが『古事記の世界』で西郷が至った結論であった。

「構造」の先に何を求めるか

　西郷が示したこの方法論は神話研究に大きなインパクトをもたらし、1970年代以後、歴史主義的研究への批判は国文学の研究者に広く共有されていく。記紀神話のなかに同じ構造が反覆される点は、神野志隆光によって批判的に継承され、西郷が垂直的に設定していた「高天原－中国－根国の三層構造」は、中心－周縁の水平な構造に置き換えられた。歴史学による神祇令祭祀研究においても、大嘗祭の祭式と神話の対応関係を考える祭儀神話論において、西郷の示した「再生の秘儀」という解釈は現在も通説の一つとなっている。

だが，ここで解明された『古事記』の構造について，歴史主義的な神話研究における氏族伝承論を相対化した点は有効であるとしても，同一性の反覆は神話の時間一般に共通する特徴であり，それ自体には『古事記』の作品としての独自性は認められないこと，またこの中心－周縁「構造」はまさにナチズムによるユダヤ人圧迫によるドイツ文化の活性化にもみられるものであって，王権による支配の維持の巧みさを論じるところに止まってしまうのではないかとの厳しい批判が示されている（呉哲男）。歴史学の立場からする神話研究においては，西郷らによって解明された神話の「構造」を，いかにして歴史の文脈に位置付け直すかが問われているように思う。

西郷信綱（さいごう・のぶつな　1916-2008）
　国文学者，古代文学。1935 年に東京帝国大学英文科に入学し，斎藤茂吉の短歌に衝撃を受けて国文学科へと転じる。敗戦後に鎌倉アカデミア，横浜国立大学で教鞭を取るが，大学闘争で大学当局を批判して 1971 年退職。のち法政大学教授。主な著作に，『国学の批判』『古事記研究』『神話と国家　古代論集』『古事記注釈』など。2010 年から『西郷信綱著作集』（平凡社）の刊行が開始されている。『古事記の世界』は第 1 巻所収。

参考・関連文献
　神野志隆光『古事記の世界観』（吉川弘文館，1986 年）
　呉哲男『古代言語探究』（五柳書院，1992 年）
　三浦佑之『神話と歴史叙述』（若草書房，1998 年）

（田中　聡）

第2部

中 世

高取正男

『神道の成立』

平凡社選書,1979 年（平凡社ライブラリー,1993 年）

——この世の外に突出する民俗宗教——

日本文化の宗教的資質としての世俗性

 日本には数多くのカミがおり，自然現象や天体，動植物から死者の霊魂までが崇拝の対象となっている。また仏教・キリスト教をはじめとした世界の宗教が互いに激しい対立もなく共存し，それぞれに基づく風習が生活習慣の中に混在するありさまは，まさに多神教，あるいは体系性を欠いた「無宗教」社会と呼ぶに相応しい——こうした宗教観は，現在においても広く一般的にみられるように思う。特定の宗教に基盤をおく社会からすれば異質な，こうした日本特有の宗教状況をどう理解したらよいのか。

 幕末から明治初年にかけての時期，西欧から「宗教」という概念が翻訳・導入されて以来，仏教の各宗門から民衆宗教・民間信仰にまで，従前の信仰をいかに「宗教」として再定義するかが問われるようになった。宗教学が創出され，神社神道が「宗教」の範疇で論じられるのは明治 30 年代以後と考えられている。

 それから少し遅れて，柳田國男が『遠野物語』(1910) を公刊する。伝承や日常生活で用いられる身近なモノのなかから，歴史に埋没した無名の人々の生活文化・意識を読み取り，忘れられている本

来の意味をとらえ返すことで，自らを含めた現代日本人に内省を迫る学問，民俗学の誕生である。民俗学はその後，時に歴史性の欠落・日付の無視といった批判を受けながらも「常民」＝日本国民の基層文化をとらえる学知として発展してゆく。その過程で，固有の民俗信仰を現在にまで色濃く残すものとして宗教民俗学の主な研究対象とみなされたのが神社神道であり，その起こりは仏教伝来以前にまで遡るとするのが一般的な理解であった。日本には古来から原始信仰に根ざす民族宗教が存在したが，大陸から受容した仏教がそれと接触することで起こった崇仏・排仏の教説対立は，神仏習合によって解決され，やがて伝統的信仰のなかにスムーズに定着してしまったのだという。これに対して，神仏習合は厳密な意味でのシンクレティズム（syncretism／重層信仰。異質な宗教同士の融合現象）とはいえず，日本には中世の修験道・近世の民衆宗教運動以外はこれに該当するものはないとの理解もある。この場合の「宗教」か否かの判別は，普遍宗教が基準とされている。

　歴史を振り返ったとき，日本における宗教は，総体として国家や民族社会の利益と衝突することなく，常に俗権が神権を統制しており，西欧のような宗教の世俗化の過程はついに見られなかった。「工場制生産を阻害する禁忌や祭儀をはじめ，国家社会の至上命令である近代化に背馳するものは，すべて迷信として排撃され（中略），どの宗派教団もその教義が科学的知見と矛盾しないむねを強調し，大勢への順応を競い合った」（本書あとがき）。こうした無惨ともいえる過去と，冒頭に挙げた「無宗教」の現在とは不可分である。日本文化のなかに保持されてきた宗教的資質と関わる神祇信仰＝「神道」の歴史的特性は，この俗権と神権の関係の出発点を追究することではじめて理解できるのではないか。本書『神道の成立』

で高取正男が立てた問いとはこれであった。

「神道」はいつ自覚されたか

　この問題を考えるために高取が取った方法は，六国史から平安貴族の日記，寺社縁起，儀式帳，近代の公文書にいたるまでの広範な文献史料と，全国各地の民俗例の豊かな知識を駆使して，仏教が社会に浸透・拡散する8世紀後半から9世紀前半の朝廷における神祇祭祀，内裏の構成と殿舎内部の構造，喪葬制度の変化のなかに宗教意識の転換を読み取るという斬新なものだった。「2　神仏隔離の論拠」では，新天皇即位時に秘儀をともなって行われる大嘗祭が，称徳天皇重祚の際には僧侶である弓削道鏡が近侍する異例の形で行われたこと，また瑞雲の出現という吉兆があらわれたことを祝い「神護景雲」と改元した際，称徳天皇が起居する「西宮寝殿」に僧600人を招き設斎し，僧らが俗人同様に拍手して歓喜の情を示したことに注目する。仏教による神祇信仰の変質である。律令政治の進展により繁忙になった一般政務の遂行と，恒例・臨時の祭儀挙行とを抵触せず両立させるため，すでに8世紀半ばには政教分離が定着し，朝廷の祭儀の合理化（斎戒・物忌み期間の短縮・作法の簡素化），中国を範とする理論化（諸王朝の祖先崇拝にならった伊勢の神衣祭，全国の神社祭祀の統制等）が進みつつあった。また内裏において閤門や寝殿内の塗籠など，外界と聖空間を隔絶する施設が整えられ，天皇の不可侵性が強まっていく。そうしたなかで，上記のような仏教の公然たる侵入が起こった。貴族らは「日常的な生活意識の次元でめばえた反撥」，想像を絶するような強烈な「異和感や拒絶の感情」を抱き，道鏡の排斥に向かったのではないか。高取はこの感情に，神祇信仰が神道の名によって自立性を主張するようになる根元が胚

胎するとみている。

　ではそれはいつ成立するのか。「3　神道の自覚過程」では，桓武天皇のもとで導入された新たな祭祀（中国の郊祀・皇太子謁廟の儀礼）が，たんなる神祇への祭儀にとどまらず，「皇祖神につながることで怨霊といえどもめったに侵犯できないような，この国における正統の統治権者の候補者としての聖性を身につける」一種の思想実験であり，こうしたことが積み重ねられて「自覚された宗教としての神道」が生成されるという。その基盤となるのは，獣肉食や喪葬など，穢れに関わる禁忌意識の変動であった。高取は「日本人は昔から死穢を忌んできた」とする通説に疑問を呈し，柳田國男が祖霊観念・信仰をはじめて論じた論考「葬制の沿革について」のなかの，ある留保に注目する。仏教が普及し，遺骨・遺体を葬ったところを墓地としてその前で追善供養を行うようになる以前に，葬送の場（屋敷の周辺など）と霊を弔う場が別であった痕跡があると指摘しながら，死穢の忌みからみて理解しがたいため，例外的な事例であるとする他ないと柳田はいう。民俗学ではこれを死の忌避感が薄らいで以後の葬送習俗とみなしたが，柳田の「二律背反をはらんだ論理の糸の緊張関係」を確実に汲めば別の解釈が成り立つ。江戸時代までそれぞれの家で屋敷に近接した墓地をもっていた山間の集落において，明治政府が衛生上の観点から大字毎の共同墓地を作るよう行政指導した結果，両墓制（埋め墓と詣り墓を別置）の形態になったという事例もある。とすれば，死穢 – 浄不浄の観念自体も，中央政府の介在によって後次的に広まったものとみるべきではないか。この見通しに立つとき，第2章でみた古代の神仏の分離・緊張関係にともなう意識の変容も理解できる。9世紀以降，天皇・皇后らの喪葬における服忌期間が長期化（儒教に基づく孝の実現）し，死穢

を扱う凶礼の天下への甚大な影響を解決する上で、仏教による攘災・鎮魂の法会が最も有効とされるなか、伝来の神祇祭祀を徹底した吉儀とし、凶事による汚染を過剰なまでに防除する意識が、神祇信仰に関わる貴族たちの中で急速に強まっていく。奈良末・平安初頭、仏教から多くの影響をうけ、仏教との習合を重ねながら、仏教に対する神道としての自立性、自覚がこうして立ち現れたのである。

歴史性と永遠性

　平安時代には貴族の間で死穢を忌む意識が高まり、重要な陵墓への奉幣使さえも物忌などを理由に闕怠(けたい)（参向を断る）する例が増える。彼らは吉／凶、浄／穢の対立概念を操作して、社会のさまざまな局面に禁忌意識を拡大してゆく（「4　浄穢と吉凶、女性司祭」）。また『古事記』・『日本書紀』の遷宮の記事を、先帝諒闇(りょうあん)にともなう死穢を忌む先例として発掘する。これこそ「宗教としての神道の第一歩」である。中世以降、浄穢意識は仏教の俗信仰と習合して、身分を生来のものとする種姓制度の基盤となり、また死穢に産穢・血穢の観念もあわせて三不浄の忌みが浸透し、現在の民間信仰の根幹となっている無数の禁忌が生みだされていった。その意味で古代貴族の行ったことの意味は大きい。だが、「貴族たちの歴史解釈をそのまま継承するいわれはまったくない」と高取は断言する。近代以降の神道家や、旧来民俗学が主張してきたような、悠久の太古以来連続する宗教性は「神道」にはない。しかしこれをこの世の政治の論理からすべて説明できると考えることも誤りである。現在の「神道」が宗教であるならば、その永遠性がどのような意識によって支えられているのか、その構造を明らかにしなければならない。この結論には、「常民」内部に貧富や定住・漂白生活の差による断層・

亀裂を鋭く見据える，民俗学の内在的批判者・高取正男ならではの歴史への視線がはっきりと表れている。

高取正男（たかとり・まさお　1926-1981）

　民俗学者。宗教民俗学・日本文化史。元京都女子大学教授。西田直二郎の文化史の系譜を引く。主な著作に，『宗教以前』（橋本峰雄との共著）『日本的思考の原型』『民間信仰史の研究』など。『著作集』全5巻（法蔵館，1982-1983）が刊行されている。

参考・関連文献
　櫻井徳太郎「序言」（『著作集』第2巻所収，吉川弘文館，1987年）
　堀一郎『聖と俗の葛藤』（平凡社，1975年）
　田中聡「「陵墓」にみる「天皇」の形成と変質」（『「陵墓」からみた日本史』，青木書店，1995年）
　磯前順一『近代日本の宗教言説とその系譜』（岩波書店，2003年）

　　　　　　　　　　　　　　　　　　　　　　　　　　　　（田中　聡）

黒田俊雄

『寺社勢力』

岩波新書，1980 年

――多様な宗教者たちの抗争と敗退――

聖と俗が相互依存する中世像

　日本中世は仏教の時代であったといわれる。古代に成立した中央集権的な国家体制が力を失って変質し，新興勢力である武家の政権が出現する時代において，なぜ仏教が社会の基盤となりえたのか。高取正男が日本文化の宗教的資質として追究した俗権と神権の不可分性は，中世社会においてどのように展開したのだろうか。

　この時代の宗教については，南都（奈良）・北嶺（比叡山）の大寺院，東大寺・興福寺・延暦寺などを中心とする古代以来の「旧仏教」に代わり，鎌倉時代以降に現れた祖師（日蓮や親鸞ら）の創唱する「新仏教」が，武士階級の支持のもとで発展したというのが，1960 年代初頭までの通説的理解であった。また古代に有力であった「神道」（神祇信仰）は，中世においては仏教の強い影響下で神仏習合という本来的ではない形をとって延命したと考えられていた。この理解の基盤にあったのは，平安時代の貴族によって尊崇され，広大な荘園の領主でもある大寺社を古代的権力とみなし，これを中世封建制国家と対抗するものとみなす領主制論と，「近世以降の仏教各宗派の区分を基準にしてその源流のありかを中世に探し求め

て」中世仏教を「新・旧」に区分する，仏教学の「宗派単位的思考」だった。

　こうした通説を中世社会の実態や当時の人々の認識から遊離していると批判し，認識の枠組み自体を突き崩したのが黒田俊雄の「権門体制」論・「顕密体制」論である。黒田は中世社会を王家（天皇家）・摂関家その他の公家，南都北嶺に代表される大寺社，武家・幕府など，結集の原理や組織形態の異なるさまざまな門閥的勢力＝権門が併存する社会ととらえた。これらが共通の経済的基盤や武力をもち，それぞれの職能による権力分担のもとで，慣例に基づく国政運営を行う国家形態を「権門体制」と名付ける。また，中世宗教の基盤となったのは「新仏教」ではなくむしろ「旧仏教」（顕密仏教）であり，これらが鎮魂呪術的密教を基盤として救済をもとめる民衆を反動的に再編し，支配イデオロギーとしての正統性を得ていたとし，国家権力と宗教の相互依存関係を「顕密体制」と呼んだ。黒田学説の登場により，従来の「新仏教」・「旧仏教」という二項対立的な範疇は有効性を失い，宗教権力と世俗権力とが不可分のものとして理解されることとなった。また，近世の門流との連続性ではなく，それぞれの寺院・神社や人間集団が果たした役割や思想・相互交流等を中世という同時代に即してとらえることで，宗派的思考からの自立の途が開かれたのである。

「密教」化した社会

　本書『寺社勢力』は，こうした「権門体制」・「顕密体制」論を基盤として，10世紀から16世紀末までを見通した著書である。表題の「寺社勢力」とは，「南都・北嶺など中央の大寺社を中心に組織され，公家や武家の勢力とも対抗していた一種の社会的・政治的な

「勢力」」を指す（本書まえがき）。まさに宗教的権門に他ならないが，それを一箇の勢力ととらえるのではなく，寺社とともに生きる大衆（たいしゅ）・衆徒（しゅと）・門徒・講衆・神人（じんにん）・聖（ひじり）など多様な集団の生活ぶりや宗教的運動，他勢力との抗争などを活写している。

　古代に外来文化として受容された仏教は，平安時代前期の最澄・空海の登場により「国家の仏教から一般の人々（民衆）の仏教へ」，「学解の仏教から実践の仏教へ」と転換し始め，人々の宗教意識は原始的な共同体祭祀である神祇信仰の呪縛から解き放たれ，祈禱などによって個人の幸福を得ることへと向かいつつあった（本書「前史」）。同じ時期，国家財政の悪化で官寺の運営が困難となり，代わって貴族による私寺の建立が増え，僧侶においても財産私有と相続・「宗」の師弟集団化が進む。こうした時代に広く受け容れられていったのが，呪法をはじめとした密教であり，天台宗も真言宗も南都の寺院も密教化し，すべての宗教が「顕密の教え」と呼ばれることとなった。顕教も密教も根本は同一であるとし，各宗派の個別性は「差別」（しゃべつ）として認めつつ，心理主義的な神秘によって「すべての論理を貪欲に包摂し熔解し吸収する不思議な思想的生体」。これが顕密仏教であると黒田はいう（「Ⅰ　寺社勢力の興隆」）。

　こうした状況のもとで寺院と僧尼は急増し，寺院に属する僧（大衆）になかに学衆・学侶などの学解・修行に専心する者と，寺内の雑務に携わる行人・堂衆の身分階層が生じ，自衛・自律のために武装も辞さない強固な集団を構成した。こうして10世紀中葉には，国家に認められた「宗」の名を掲げ，師弟関係などで結束した大衆が核となり，荘園や末寺・末社など独自の経済的・社会的基盤をもつ宗教的権門が確立する（同Ⅰ章）。院政期に摂関家など上流貴族の子弟が入寺して「院家」と称するなど，世俗権力との連携が深ま

るにつれ、大寺院の大衆は「王法仏法あい双ぶこと、譬えば車の二輪、鳥の二翼の如し」などと自らと俗権との権門としての対等性を主張し始める。また時を同じくして神を「仏法の世俗的形態」とみなす本地垂迹説が発展し、寺社勢力は国家を構成する柱として位置付けられたのである（「Ⅱ　諸勢力との抗争」）。

正統と異端・改革派に共通する課題

　寺社勢力が拡大するに従い、他の権門（受領・院近臣・武士）や寺院間、同一寺院内の身分階層間、異端派（いわゆる新仏教）との抗争が増えてゆく。寺院内部では「僉議」「集会」と呼ばれる集団討議が行われ、敵対勢力への武力攻撃（発向）・朝廷への愁訴・嗷訴などの行動をとるが、ここに私的な勢力が国家の権威に裏づけを求めつつ角遂と均衡を繰り返して政治と体制を作ってゆく権門体制の特徴がよく表れている（Ⅱ章）。同じく平安末期には、寺社勢力の周縁部において寺院外の宗教家（聖と総称する）が民間への布教活動（遊行・勧進）を活発化し、また隠棲したり別所などで修行する者も現れた。そうした新たな状況の中から、顕密体制の原理と寺社勢力の権威を否定する法然の専修念仏などの異端派が登場し、また南都では貞慶・高弁らの改革派（戒律の復興と平易な布教）による隆盛がみられるようになる。

　この両派は厳しく対立したが、頽廃・爛熟した現状の克服を求めて寺院を離れ、共通する課題意識と宗教的実践の立場をとる革新運動であり、彼らが求めた「一切衆生の救済、世俗生活の積極的意義づけ、一念の信の重視」などはそもそも寺社勢力の正統派の高揚のなかから現れた時代の課題であった。宗派史にとらわれぬ黒田ならではの視点である。やがて改革派を受け容れた顕密仏教はその幅を

拡げ，より複雑で柔軟な構造をもつに至る（「Ⅲ　聖と革新運動」）。

寺社勢力の敗退から何を学ぶか

13世紀以降，武家政権と寺社勢力との対立は常態化する。寺社内部では身分階層の複雑化が進むとともに，師弟関係により強固に結ばれた門徒のなかで教学に関わる秘伝の相伝や財産の相続などが一般化し，そこに武家と共通する恩義と奉仕による一種の封建的被官関係が生まれ，同じ寺院内で複数の門跡同士が対立する事態も起こっていた。しかし総ての大衆が門徒化したわけではなく，「大衆」と「門徒」の二つの原理は矛盾を内包しつつ併立し，決定的な分裂には至らなかった（「Ⅳ　寺院生活の諸相」）。Ⅳ章と「Ⅴ　地方寺社」では，この時期の有名無名の僧侶らの暮らしぶりや生計を得るための「芸能」，地方の町・村堂や神社での仏事・神事に集う講衆たちの姿が生き生きと描かれる。

14世紀には，公家・武家による仏神事の興行が盛んとなり顕密仏教の静かな興隆が続くなかで，革新運動の第二波が展開し（叡尊ら西大寺流の救済運動，日蓮・一遍ら異端派，伊勢における「神道説」の登場），禅宗は幕府丸抱えの新型の寺社勢力として発展する。地方では理念を見失った衆徒の武力行使がエスカレートする。後醍醐天皇や足利尊氏・義満ら権力者は政治利用のため寺社勢力に介入し，それに呼応して奉仕する政僧も現れると，権門としての寺社の地位は低下し，武家政権への従属が進む。寺院大衆のなかでは学業に専念する学侶と武装する衆徒が明確に分化し，周辺住民に私税を課して私腹をこやし「寺社の基盤そのものを，喰いさいていた」衆徒もあり，寺院内の秩序も破綻しつつあった。叡山では摩多羅神を守護神とする秘儀が行われるなど，密教化の果ての「底知れぬ神秘主

義」へと至る。15世紀後半に寺社勢力が権威を維持できたのは大和・近江の一部と高野山のみとなり、やがて一向一揆と統一権力（織田信長・豊臣秀吉）という二つの勢力が決定的な打撃を与え、16世紀末に滅亡するのである（「Ⅵ　再編と混迷」「Ⅶ　寺社勢力の衰退」）。

　武士と農民を中心とした中世史像において例外的存在とみなされてきた寺社勢力を中世社会の一つの典型として論じた本書は、近代の民族主義的な宗教政策（国家神道体制への仏教各派服属）が見失わせた、多様で豊かな中世宗教の諸相と国家権力との不可分の関係を再発見する途を開いた書といえる。

黒田俊雄（くろだ・としお　1926-1993）

　歴史学者、日本中世史。大阪大学・大谷大学教授を歴任。主な著作に、『日本中世封建論』『日本中世の国家と宗教』『現実のなかの歴史学』『日本中世の社会と宗教』など。主なものは『黒田俊雄著作集』全8巻（法蔵館、1994-1995）に収められている。

参考・関連文献
　黒田俊雄「顕密体制論の立場」（初出1977年。『著作集』第2巻所収、法蔵館、1994年）
　平雅行「顕密体制論について」（『黒田俊雄著作集』第2巻解説）
　大山喬平「権門体制論における国家と民族」（『ゆるやかなカースト社会・中世日本』校倉書房、2003年）
　上川通夫『日本中世仏教形成史論』（校倉書房、2007年）。

（田中　聡）

網野善彦

『無縁・公界・楽』

平凡社，1978 年（増補版，1987 年/平凡社ライブラリー，1996 年）

——民族史的転換と「自由」の可能性——

日本史研究における 1970 年代の転換

　日本において 1960 年代は，経済の急速な成長を背景に日本的価値を再評価する近代化論が登場し，戦後民主主義の思想的主柱であった正統派マルクス主義の社会への影響力が低下し始めた時期であった。高度経済成長が終焉を迎える 70 年代半ばには，近代的な主体と知について問い直す構造主義の著作が日本語に翻訳されて広く読まれるようになる。同じ時期，歴史学の分野においては，社会を変革する主体としての多様な人民の広範な結合による反国家・帝国主義闘争の歴史を解明することを目的とした「人民闘争史」が追究される一方で，従来の歴史学における「近代化の方向性」や権力交代中心の叙述から脱却して，人間活動の各領域を総合的に把握し，人々の心性や生活様式などを長期的な時間（共時的歴史）の枠組みのもとにとらえる研究潮流が新たに現れた。「社会史」である。もともと戦前から社会関係史・民衆史等を一括する呼称であった「社会史」は，70 年代においては日本へ紹介されたフランスのアナール学派と共通する問題意識や方法論をとり，前記のように近代主義への批判を意図して「閉ざされた暗黒の時代」中世を再評価するな

どの特徴がある研究をとくに指して用いられるようになった。

　その代表的な成果の一つとされるのが，網野善彦『無縁・公界・楽』である。1978年の初刊以来版を重ね，安良城盛昭をはじめとする中世史家からの手厳しい批判への反論を行った厖大な補注と補論を加えた増補版が，二度にわたり刊行されている。専門家のみならず一般の読者からも広く受け容れられた著書であり，その後の独創的な研究によって，網野は戦後歴史学を代表する中世史家の一人と目されるようになった。その特色としては，従来注目されてこなかった「周縁」的な世界（海の民や山の民・漂泊者・職人・芸能民や宗教者などの「非農業民」，市場・都市などの場，一揆・惣などの組織）に光を当て，この世界と天皇や幕府などの統治権者との関係を軸として中世社会の全体像を描くという大胆な構想と，そこに貫かれる「無主・無所有の原思想」を見いだして，それを人類史の根源・基層にまで遡るものとする法則的な思考などが挙げられる。1950年代前半に国民的歴史学運動（若手研究者が民衆とともに歴史を研究・叙述することを通して，民衆の中に民主主義の主体を育てようとした文化運動）に深く関わり，その苦い挫折経験からの苦闘の果てに，「無縁」（縁を切ること）の積極的な意味を評価する独創的な主張が生まれたといわれている。構造主義や山口昌男らの人類学的王権論が受容され，柳田民俗学への再評価が進んだ1970年代後半以降，網野善彦の研究は，近代主義への批判と一国史的日本論の相対化の視点を切り開くものとして，日本史学界に自省を迫るとともに，日本の現状に批判的な一般読者の共感を集めてゆく。

「無縁」の原理の普遍性

　本書は23の章からなる。まず第1章では子どもの「エンガチョ」

遊びを例として，現在にまで生きる「縁切り」の原理，「もともと「縁」と無関係なもの，「縁」を拒否したものの強さと明るさ，その生命力」を倒叙法で日本史の中にたどると全体の意図を述べ，第2章から6章までは江戸時代・戦国時代の史料に表れる「無縁所」，第7章から9章までは「公界所」，10章では「楽」のさまざまな事例を収集・紹介する。第11章でそれらに共通する場・人（集団）の特徴を，①不入権，②地子・諸役免除，③自由通行権の保証，④平和領域，「平和」な集団，⑤私的隷属からの「解放」，⑥賃貸関係の消滅，⑦連坐制の否定，⑧老若の組織の八点に集約した。後半の12章以下ではさらに室町時代以前に遡り，「無縁」の場（アジール）としての山林河海や市庭，非人宿や宿駅，墓所・河原，橋や津泊，寺社，「家」の実態と，そこで活動した多様な人々（商人，非人，芸能民，禅律僧・時衆，聖・上人，借上や土倉・堂衆など金融業者，天皇の供御人となった「職人」，女性，農民）の「無縁」との関わりを論じている。そして日本史におけるこの原理の源流（「原無縁」）として，古代の「平民」「公民」のもつ自由から，アフリカの未開社会におけるアジールにまで至るのである（第21・22章）。最終の第23章では「原無縁」から「無縁」の原理を自覚するまでの過程は，人類史に普遍的に確認できるものとし，この「無所有」の深化・発展に関わる「法則」がいかなる展開を辿るかは，諸民族の共同体の個性や特質と不可分であると結論づける。

　通読して印象に残るのは各章末で繰り返されるプロテスト，同時代の歴史学への痛烈な批判である。たとえば寺社領荘園において認められていた不入権を私的大土地所有に支えられたものとし，前近代史料にみられる「公」の「自由」を支配のための欺瞞に過ぎないと理解する通説に対し，網野はこう反論する。

「歴史における「公」は、決してすべてが事実として「幻想」であり、「欺瞞」であるとはいえない。たとえそれが支配者の狡知——「イデオロギー操作」——によって、自らをしばる軛になったとしても、支配者をして否応なしに「公」の形をとらざるをえなくさせた力は、やはり、社会の深部、人民生活そのものの中に生き、そこからわきでてきた力といわなくてはならない。(中略)「公」の欺瞞性にこだわる余り、この事実すらも否定し去るならば、そこには人民に対する絶望、あるいは鼻もちならぬ人民に対する軽侮(中略) しか残らぬ結果となるであろう。」(第19章)

知識人の傲慢さの例として津田左右吉の天皇観を挙げ、もしそのような姿勢が「科学的歴史学」であるならば、津田を克服する道を最初から閉ざすものとして決定的な不信をもって報いる他はないと断ずる。ここには自らが拠って立つ足場への自覚と、本源的な「自由」の力強さ、現代におけるその再生の可能性への思いがあらわれている。

「自由」の実質

本書の主張に対しては、数多くの実証的批判が寄せられた。黒田俊雄は中心となる「無縁」について、中世においては「縁」がないというネガティブな意味を示す多義的・流動的な語句を、あたかも一義的・確定的な概念(疎外の構造の論理等)であるかのように解釈するのは疑問であるとし、とくに網野のいう「自由」と天皇との関係、中世の人間観にまで踏み込んだ批判を以下のように行っている。網野は、人々が太古以来もっていた本源的な自由(私的支配との縁がまだ生まれていない「原無縁」)を保証するものとして天皇の支配権が立ち現れるとし、中世においては「神人」「供御人」など

の形で天皇・神仏に直属していた「自由民」が，南北朝期を画期としてその地位を失うと主張するが，これは「天皇が現実眼前の支配権力のはるか雲の上にみえるような"辺境"に身を置く立場」からする天皇支配権の神秘主義的把握であり，天皇が俗権を代表する現実の「国王」であったという現実をみていない。さらに「非人」（清目）身分をも職人＝非農業民の範疇でとらえ，「無縁」の原理が農業社会の間隙に天皇の保証のもとで生き残っていた鎌倉時代までは賤視差別されなかったとするが，ここには「社会の周縁あるいは外側へ押し落とされた深淵の境涯」，「排除・転落・脱落・疎外の世界」，「人ながら人でないあり方」が想定されていない。そうした現実にあった悲惨や差別から目をそらしたまま「太古の自由」の普遍的生命を語るべきなのか。これは重い問いかけである。

　歴史学において個別実証の水準における批判は不可欠である。だが本書が提示する歴史の中の人間観や「自由」と支配の関係をめぐるこうした議論は，現代における歴史学の役割を再考する上で今なお有益な示唆を含んでいる。

参考・関連文献

　黒田俊雄「中世社会論と非人　諸説の批判と課題」（初出 1982 年。『著作集』第 6 巻所収，法蔵館，1994 年）
　石井進「社会史の課題」（『岩波講座日本通史　別巻1』，1995 年）
　大山喬平『ゆるやかなカースト社会・中世日本』（校倉書房，2003 年）
　中沢新一『僕の叔父さん網野善彦』（集英社新書，2004 年）

（田中　聡）

大隅和雄

『信心の世界，遁世者の心』

講座『日本の中世』2，中央公論社，2002年

——中世人の信心を捉える試み——

　大隅和雄は『日本の中世』という中央公論社の歴史講座の第2巻，おそらく中世神道や鎌倉仏教など中世宗教史にかかわる巻の執筆を担当したのであろう。だが彼はこれを『信心の世界，遁世者の心』として実現した。大隅はその序文を「中世人の信心を捉える試み」と題して書いている。なぜ中世人の信心なのか。しかしそれをどのように捉えるというのか。

中世仏教史とは

　中世宗教史といえばいわゆる鎌倉新仏教を軸とした記述や構成がすぐに考えられるだろう。大隅は本書の序文で日本における中世仏教史，いやむしろ中世史そのものの成立をめぐって書いている。日本の中世史への視点は原勝郎（1871-1924）の「東西の宗教改革」という比較史的研究に始まると大隅はいう。原はヨーロッパの宗教改革に対応するものを鎌倉新仏教の興隆とその諸宗派の祖師たちの活動に見出した。この原の比較史的研究は日本の中世仏教史だけではなく，中世史そのものを成立させたと大隅は述べるのである。これは近代日本の学術の成立をめぐる貴重な指摘である。ヨーロッパの

宗教改革の研究を通じて,「宗教」の概念も,「宗教史」という視点も, 改革による政治・宗教的時代構造の転換という「歴史的」視点も獲得されるのである。原の西洋史の研究が, 日本の中世宗教史を, あるいは中世史をも作り出していくのである。

明治維新とともに起こった排仏毀釈の運動によって既存仏教は危機的立場に陥った。この排仏毀釈の運動を伴った明治政府の神道国教化政策に反対することを通じて, 仏教の側にも自覚的な教学の革新運動が展開された。その革新運動は鎌倉新仏教といわれる諸宗派において, 鎌倉時代における改革の祖師たちに立ち返る形で展開された。日本の近代は政治史的にも鎌倉新仏教を再発見するのである。このように日本の近代は学術史的に, 政治史的に鎌倉新仏教を中世仏教として再発見するのである。その際,「仏教」は「宗教」として, すなわち信仰体系と教学体系とをもったキリスト教のような宗教として再発見されるのである。「宗教」という語もまた創出されるのである。こうして教学的革新としての鎌倉新仏教とその祖師たちの足跡が中世仏教史として記述されることになるのである。だが中世仏教史のこのような成立は, その結果われわれの眼から見えなくさせてしまったものがある。なお大隅は「宗教」とともに「仏教」もまた近代的漢語であるとして, それらの言葉を避けて「信心」「仏法」という言葉を用いている。

中世人の信心

鎌倉新仏教の祖師たちの思想的・信仰的革新を中心にして記述してきた仏教史や仏教論は,「鎌倉時代の仏教が, 村落の生活に秩序を与えていた神祇の祭り, 先祖供養と死者儀礼などと, どのような関係を保っていたのかというような問題を考えることは, 先送り」

してしまったと大隅はいっている。われわれは親鸞の説く他力念仏的信仰については知っている。あるいは道元のいう只管打坐の禅的修行についても教えられている。だがその時代の人びと，学問をした僧侶以外の多くの中世人，武士や定住する農民たち，あるいは旅をする職人・商人たちにとっての信仰とは何であったのか。そもそも彼らの心に信仰といわれるものがあったのか。「信仰」とは，「宗教」と同様に近代のわれわれにおける概念ではないのか。超越者への心的態度としてわれわれにあるのは「信仰」である。それと同じ心的態度が中世人にあるわけではない。だから中世人の心にあるものを「信仰」といってしまったら，中世人の心の多くのものを見えなくさせてしまうだろう。それゆえ大隅は「信仰」にかえて「信心」というのである。大隅がこの書で記述しようとするのは「中世人の信心」である。

　中世の無文字の民衆が仏教の教えの世界を知り，何らかの信心をえるのは説法を通してである。法然・親鸞や日蓮たちも説法を通じて中世の民衆を新たな信仰者にしていったが，そうした新仏教の祖師たちの教えの以前に，その教えの届く向こうに，あるいはその根っこにあるのは中世人の信心の世界である。大隅はこの世界を明らかにしようとした。本書では，「八宗の教学を学んで，自分の主張をもち，他宗の層との論争をつづけた学僧や，大寺院の組織のなかで，一定の役割を分担して，知的活動を担った層について考えるのではなく，おそらく文字の読み書きもできず，当然経典とも無縁な庶民が，説法を聞いて仏教について何を知り，どんな信心を抱いて暮らしていたのかを，考えてみることにしたい」と大隅は序文に書いている。こうしてはじめて「中世人の信心」の世界が本書によってわれわれに開かれたのである。

無住という案内人

　では大隅はどのようにして中世人の信心の世界への道を辿ろうとするのだろうか。中世の無文字的世界に生きる人びとの心に抱かれた信心を、後世のわれわれが知ることは一般にはできない。民俗学は口誦の伝承から、継承される習俗・慣行から無文字世界における人びとの心の内外を解読し、記述する。いま中世史家大隅が中世人の信心の世界への案内人として見出すのは無住という遁世僧である。中世的信心の世界の解読の手引きをなすのは無住が著した『沙石集』であり、『雑談集』である。

　無住（1226-1312）は、鎌倉の没落武士の家に生まれた。梶原景時の系譜を引くといわれているが、証拠はない。幼いときに寺に入り、関東の寺を転々としたのち、18歳のときに常陸国の小さな寺で出家した。師の僧からその寺を譲られるが、無住は寺維持の俗事に堪えられず寺を出て遁世僧となる。彼は南都から京都へ、また関東へと遍歴を重ねる。その間に戒律・倶舎・台密・禅・東密を学び、中年になって東福寺に入り、弁円円爾に師事した。彼は広く諸宗の教学を学び、一つの宗派の僧になることはしなかった。彼は遍歴を重ねた末、尾張国の長母寺に住みつくことになった。以後、50年、無住はその寺を拠点にして説法による庶民教化の活動を続けた。その寺にあって無住は説法のかたわらいくつもの書を著した。説法の控えを中心にした『沙石集』を書き、学びえた仏教教学の概要を述べた『聖財集』、晩年の心に浮かぶことを随筆風に記した『雑談集』を書き、またわかりやすく仏教の要旨をまとめた『妻鏡』も無住の著作と伝えられている。

　尾張の長母寺は東海道に近く、京都と鎌倉の間を行き来する人びとの噂も伝わってくる場所であった。また伊勢へ旅する人びとの通

う道にも近接していた。関東・鎌倉の諸寺で学び，さらに南都・京都の諸寺院にも遊学し，豊かな知識と体験をもつ無住は，多くの情報が行き交う長母寺の住持となることによってすぐれた説法者となっていった。その豊かな体験と博識に裏づけられ無住の説法は，近隣の庶民を引きつけるものであった。長母寺に住んで十数年を経たころ，無住は説法の手控えを整理し，文章を整え，書物にすることを考えた。その書物は，弘安3（1230）年，無住55歳のときに5巻の書としてできあがった。それが『沙石集』である。それは中世庶民の信心の世界に語り込まれていった法話集である。大隅はこの『沙石集』によって，まさしく無住という案内人に導かれて中世人の信心の世界に入っていこうとするのである。

　無住という案内人に導かれて大隅が入っていった中世人の信心世界がどのようなものであったかを，ここでかいつまんで語ったりすることは私のするべきことではない。無住の書を解読する著者による懇切で周到な記述は，読者をすぐにでも中世人の信心の世界へと導いてくれるだろう。ここでは「あとがき」に見る著者の貴重な指摘を引くにとどめよう。

　「学僧の立場から出発した（新仏教の）祖師と違って，庶民教化の遁世僧の立場に立っていた無住は，庶民が暮らしている村や町のなかで，神々と仏菩薩が共存し，それぞれの役割を守って住み分けている状態を肯定していた。そのために，諸神諸仏が住み分けの均衡を保つなかで成り立っていた信心の世界の秩序を破壊する新仏教の動きを，容認することができなかった。」

　無住の語りにおける中世的信心の世界にとって新仏教の新しい登場とは何かがここでいわれている。

　「この巻で，考えようとした庶民の信心の姿は，大河の流れに譬

えられようか,表層では水泡が流れゆくのが見えても,深いところを流れている水は,同じ早さで流れてはいないのに似ている。深層の水の動きを見定めるのは容易なことではないが,それなくしては信心の世界を考えることはできない。」

　無住を案内人として大隅が解き明かしていった中世庶民の信心の姿は,われわれの心底に流れている深層の信心の姿であるかもしれない。神と仏の共存的な住み分けは,政治的外部が介入しないかぎり庶民の安定した信心世界を構成するものであるのだろう。

　大隅和雄は日本の中世的世界への稀有な案内人である。鎌倉新仏教への案内人にわれわれは不便を感じることはない。だがその新仏教の以前にあり,その底部にあり続ける中世人の信心の世界,神と仏が住み分けつつ共存するこの信心の世界への案内人は大隅を措いて他にはいない。彼は『中世神道論』(日本思想体系 19, 岩波書店)を編集し,それに卓越した解説「中世神道論の思想的位置」を付している。また『愚管抄を読む　中世日本の歴史観』(平凡社, 1986)で大隅は,慈円における中世的歴史意識を解読している。本書と併せ読むことをすすめたい。

大隅和雄（おおすみ・かずお　1932- ）
　歴史学者,思想史家。中世思想史。東京女子大学名誉教授。

参考・関連文献
　大隅和雄『中世思想史への構想　歴史・文学・宗教』名著出版, 1984 年。

　　　　　　　　　　　　　　　　　　　　　　　　（子安　宣邦）

第3部

近世①

阿部吉雄

『日本朱子学と朝鮮』

東京大学出版会，1965 年

――日本思想史の土台――

本書成立の背景

　本書の著者阿部吉雄は明治 38（1905）年山形県に生まれ，東京帝国大学文学部の支那哲学科で服部宇之吉に師事した。序文によれば阿部が本書の中心をなす日本朱子学の大成者山崎闇斎（1619-1682）について研究を始めたのは，昭和 4（1929）年，東洋学者・宇野哲人（1875-1974）の助手をしていた時代であったという（闇斎についてはオームス『徳川イデオロギー』の項も参照）。しかし戦時下の混乱で研究は中断されたままになっていた。その後，昭和 16（1941）年，京城帝国大学に職を得て植民地朝鮮に渡った阿部は，そこで「李退渓と山崎闇斎の思想的血縁関係」を知り，新たな研究意欲を感じて『山崎闇斎と李退渓』をまとめるが，刊行間際に終戦となって原稿も失ってしまう。戦後，資料も図書もすべて失い帰国した阿部は，漢文研究の衰退の中で，しばしば研究の中断を余儀なくされながらも，「今後，闇斎や退渓を研究する人のほとんど絶無であろう」という思いからこの研究をまとめようと決意する。そして十数年をかけて，さらに大きな構想の下にまとめあげられたのが本書の元になった博士論文である。本書が刊行されたのは実に昭和 40 年のこと

であった。

　本書の成立までにはこのような苦難の歴史があったわけだが，戦中，戦後のめまぐるしい社会変動の中，山崎闇斎の評価も「日本精神の元祖」から「朱子学の歪曲者」へと変わり，朱子学自体も封建教学として貶められるような状況にあって，そのどちらの立場にも与することなく，実証主義的研究を積み重ねて日本朱子学と朝鮮儒学の関連を明らかにした業績は極めて大きい。その根底には，朝鮮儒学の存在を無視した内向的な日本思想史は土台を失った楼閣にすぎないという強い信念があった。阿部は序文の中で次のように書いている。「比較研究ということは，ただ単に影響の跡を辿るだけに止まらず，さらに新問題を発掘する手がかりともなり，進んではその思想学問の思想史的特質や日本的特質，さらには普遍的な価値を一層明らかにすることにもなる。筆者は本研究において，特に日本思想史の研究には，比較研究，比較思想史的研究の重要であることを知ることができた」。研究を通じてその意味を知ったという阿部の言葉の重みを現代の我々はしっかりと受け止めるべきだろう。

日本朱子学の形成

　本書で明らかにされているのは，まず日本近世儒学の興隆において，文禄・慶長の役（1592-1598）によってもたらされた朝鮮儒学の書物や，姜沆など捕虜として来日した朝鮮の儒者たちが重要な役割を果たしていること，そして第二に朝鮮儒学の第一人者李退渓（1501-1570）の思想が山崎闇斎にどのように摂取され，それが日本朱子学の形成にどのような役割を果たしたのかということであろう。

　徳川家康による天下統一の後，それまで五山の禅僧たちの補助学でしかなかった朱子学がなぜあれほど速やかに広がり日本朱子学成

立の基盤を築くことが出来たのか。家康の好学や政策だけではなく，朝鮮渡来の書物や人物の影響という新しい観点からこの問題にアプローチすることで，阿部はさまざまな史料を発見しつつ，朱子学の仏教からの独立の過程と日本朱子学形成の基盤を読み解いていく。当時にあっては，日本思想史に新たな地平を切り開く画期的な研究であったといってよいだろう。藤原惺窩(せいか)（1561-1619）や林羅山（1583-1657）に関する章においても，単に朝鮮儒学の影響が大きいという事実を指摘するだけではなく，そのことによって当時彼らが置かれていた社会的位置や環境，思想の性格といったものが明確に浮かびあがってくる。とくに羅山の研究は現在でも特に進んでいるとはいえず，内在的研究の限界を越える思想史研究の方法へのヒントがここにあるといえそうである。

つぎに本書の骨格をなす山崎闇齋と李退渓であるが，ここでも阿部はその影響関係だけではなく，闇齋の朝鮮儒学受容の内容に深く踏み込んだ考察を試みている。闇齋が李退渓を深く尊信したということ自体はそれまでにも知られていたが，阿部は闇齋の李退渓研究の筋道を文献に即して丁寧に跡づけ，闇齋が退渓の『自省録』や『文集』をはじめとする著作のどこに感動し，どのようにそれを自分の思想の中に取り込み，さらに発展させていったか，またどこを批判し何を変えていったのかを，その思想内容に踏み込みながら明らかにした。闇齋の著作に退渓の言葉が数十条引用されている事実などはこの過程で発見されたことである。

従来の闇齋研究は，信奉者的立場からの解釈学的／内在的研究か，あるいは封建教学の祖，朱子学の狂信者としての批判的研究かに二分されていた感があるが，そのどちらもなぜ闇齋学が日本近世思想史においてあれほどの影響力を持ち得たのか，またその問題がどこ

にあったのかという問いには答えていない。本書は李退渓思想を媒介として日本における道学がどのように形成されてきたのかという視点を通じて、この問題をあらためて提起しているといえよう。

さらに阿部は、李退渓思想の摂取を通じて形成されていった闇齋の朱子学理解の特質を明らかにしていく。たとえば退渓と闇齋が共に重んじた「敬」の思想についても、それが元来禅の精神統一法にヒントを得た修養法であること、そして禅に代わって朱子学が勃興した江戸初期や李朝初期の士人層に受け容れられやすい特徴を持っていたことなどに注意している。

元来朱子学の体系は広範なものであり、それをどのような立場から整理し自己の思想としていくかは重要な問題である。李退渓の思想はそこにおいて闇齋の朱子学理解に決定的な役割を果たしたのである。阿部はこの朱子－退渓－闇齋のラインに道学という一種独特な朱子学形成の土台を見ている。

丹念な史料の発掘とその読解に基づく阿部の比較研究は、やがて本書第四篇「日鮮明における朱子学の二系統と朱子学の諸特性」という大きな問題へと発展していく。これは朱子学の地域的・歴史的な発展とその特質を明らかにしようとした試みであり、そこから東アジアにおける朱子学の二系統とその発展という新たな問題が提出されてくる。

朱子学は万物の生成と存在の根拠である理と、陰陽二気という理気二元論によってすべてを説明する哲学体系である。理と気は二にして一であるとはいわれるものの、朱子学においては眼に見える気よりも存在の根拠である理の方に重点が置かれていた。しかし明代になると陽明学以外に朱子学の中からも気一元論を説くものが現れて来る。それが羅整庵である。羅整庵の『困知記』は明代に広く読

まれ、その朝鮮版が文禄・慶長の役で日本にもたらされ、林羅山によって復刻版が作られる。もちろん一冊の書物によってすべてが決定されるわけではないが、羅整庵の思想が一つの媒体となって日本近世における気の思想の系譜が形成されていったのではないかというのが阿部の仮説である。朱子－李退渓－闇齋という道学の系譜とは別に、程明道－羅整庵－貝原益軒（1630-1714）・伊藤仁斎（1627-1705）という流れが想定されている。ここでも日・鮮・明の地域的・歴史的差異が考慮され、その思想の相違が問題となっていることはいうまでもない。

羅整庵と伊藤仁斎の思想を比べてみると、理気二元論の枠内における理の根源性の否定と、理気二元論的枠組み自体の否定という重要な違いがあるが、それにしても羅整庵が朱子学を気一元論の立場から組み替え、同時に禅や陽明学の「心即理」という心学的傾向をも否定したことは、朱子学的格物究理の方法を、近代的な物における理の解明の方向へ変化させていったということは重要な契機であろう。

特に江戸後期における懐徳堂の合理思想や、朱子学的用語体系のなかでの洋学受容、科学思想の発展などを考える上で、あらためて考えるべき問題が含まれていると思う。

今日の問題

このような阿部の研究は、日本朱子学と朝鮮儒学の比較思想史的研究の土台となるものであり、今日の研究もすべて本書を抜きにしては語れないといってよいが、それが比較研究だけではなく日本思想史全体の中でどれほど生かされているかという点については改めて疑問を感じざるを得ない。本書は筆者の学生時代にすでに古書店

でもなかなか手に入らない希少本となっていたが，1978 年に東京大学出版会から復刻学術書として刊行されて以来まだ再版されていない。このこと自体が現在の思想史研究のあり方の問題を示しているのではないか。

　日本思想史を東アジア全体の儒教の中に位置づけ，広い視野に立って問題を提起するという阿部の学問方法をもう一度改めて見直す必要があるだろう。そのことが近代日本への反省を促すと同時にアジアへの新たな視点を開く契機となるのである。

　現在アジア的伝統思想としての儒教を語るとき，その内実が本書に説かれた朱子学の地域的・歴史的特質のどれだけを踏まえているだろうか。多くの場合，西洋哲学への対抗言説的な叙述や，旧態然たるステレオタイプ的理解がまかり通っているのではないか。「闇齋や退渓を研究する人のほとんど絶無であろう」と嘆いた阿部の危機感を，今も笑う事はできない。「土台を失った日本思想史」という言葉が何を意味しているのか，いまこそ真剣に考えるべきではないかと思う。

阿部吉雄（あべ・よしお　1905-1978）
　中国哲学者，東京大学名誉教授。主な著作に，『中国の哲学』『儒教の変遷と現況』『荘子』など。

参考・関連文献
　阿部吉雄『李退渓　その行動と思想』（評論社，1977 年）

（宮川　康子）

野口武彦

『江戸の歴史家』

筑摩書房，1979 年（ちくま学芸文庫，1993 年）

——歴史的ロマン主義の解明——

歴史を問うとは

「歴史とは何か」，「歴史をどう書くか」という問題は，古代から現代にいたるまで問い続けられている根本的な問いである。現実に存在した過去の総体は，書かれた「歴史」とは異なる。そして「歴史」を書く歴史家自身が，流動する歴史の中に身を置く存在である限り，書かれた「歴史」は歴史家の現在を色濃く反映することになるだろう。

このような「歴史」をめぐる問題がさらに先鋭化されるのは，「史」という言葉が二重になった「史学史」の領域である。「歴史」の「歴史」を書くとは，まさに「歴史」を書くという行為が孕んでいる問題を，歴史的に考察する作業にほかならないからである。そしてそれがまた考察者の現代を反映していることはいうまでもない。そこには歴史の認識論だけでなく，その時代の知のあり方を規制している枠組みが（二重に）透けて見えるはずだからである。

「歴史」を書く方法には，それぞれの時代の特質がよく現れている。日本において歴史の方法が大きく変化したのは，明治期の近代歴史学の草創期であった。西洋的な歴史学の方法の導入とともに，

江戸時代の歴史学は封建的遺物として顧みられなくなる。しかしその一方で、新しい国民国家建設の基礎となる国史の編纂が急務とされ、伝統的な書かれた歴史は、その要請に従って取捨選択され、再編集されることになるのである。幕末に勤王の志士たちのバイブルとなった頼山陽(らいさんよう)(1780-1832)の『日本外史』が最も読まれたのは、実は明治期に入ってからであった。

西洋から輸入された実証主義や歴史哲学は、歴史叙述の方法とはなっても、日本の歴史を書く以上、「歴史」の内実は、日本という個体性を離れることはできない。それは後にマルクス主義の唯物史観が歴史学を席巻しても、また近年アナール学派やポストモダン的歴史学が流行しても、国民国家の「歴史」の最後の牙城となる歴史的ロマン主義の源泉なのである。本書が目指したのはひとくちにいえばこの「歴史的ロマン主義」の毒の解明である。

歴史意識の形成とそのゆくえ

野口氏は、橋川文三(1922-1983)の『歴史意識の問題』を念頭におきながら、歴史意識とは歴史を「なんらかの普遍的秩序に埋没した、ないしは自己同一的な規範と認識された過去の諸事実ではなくて、それ事態があたかも意志的個性をそなえたかのごとくに自己実現に向かって奔流する生動的な過程」ととらえ、その歴史過程の現時点にあって「自己をダイナミックな歴史過程の一因子と自覚する意識」であるという。このような歴史意識の形成に注目するとき、「19世紀初頭におけるドイツ歴史主義の成立と、西暦では1830年代にあたる天保年間からとみに顕著になるナショナリスティックな歴史意識の形成とがほぼ踵を接しているのは、決してたんなる暗合ではありえない」。そこには「民族的自覚の発生」という共通の背

景がある。そして野口氏は両者がともに「自然法的ないしは自然主義的思惟を特色とする思想を主敵としていた」点に注目する。江戸時代の文脈でいえば、それは朱子学的世界観からの脱却ということであり、従来の「儒学的＝経学的思惟」から歴史的思惟への転換ということになる。その代表的存在が頼山陽であり、『日本外史』であった。

　頼山陽自身は、決して勤王主義でも倒幕主義者でもない。その山陽の書いた『日本外史』がなぜ幕末の志士たちを鼓舞する力を持ったのか。それは山陽歴史学が持っていた歴史意識の形成をうながす力だと野口氏はいう。その意味で本書の力点が第7章「頼山陽と歴史的ロマン主義」に置かれているのは当然だが、そこにいたるためには従来の朱子学的歴史観の解体の過程を、丹念に跡づける必要がある。これはなま易しいことではない。そこでは江戸思想史の流れ全体についての深い考察が必要とされるだけでなく、日本という歴史的個体性が持っていた特殊な事実が、その中でどのように作用していったかが問われるからである。

日本史のアポリア

　第2章「林家史学の功罪」では、羅山・鵞峰の二代にわたって編纂された歴史書『本朝通鑑』(1670)の成立過程を丹念に追い、朱子(1130-1200)『通鑑綱目』の筆法を模範としながらも、その天理に基づく勧善懲悪論を、日本の歴史においては貫くことができなかった事情が明らかにされる。たとえば壬申の乱や南北朝時代について、正邪の判断を下すことは林家の立場においては出来ないことであった。それゆえ『本朝通鑑』は編年体を採り、「事に拠りて直書すれば、義自ずから見はる」という微温的態度に止まることになる。

しかし、その歴史観はあくまで宇宙万物を一貫する朱子学的「理」の発現としてとらえられており、天皇の君徳も「普遍的な「理」の人格的表現として把握されている」。問題は、正史編纂を命じた徳川幕府が、このような形で「覇王としての政権掌握を合理化する作業をもっぱら朱子学的歴史観に求めなくてはならなかった」という根本的な矛盾である。それは日本において歴史的個体性を追求する歴史意識が避けて通ることのできない問題でもあった。

徳川光圀（1628-1700）の『大日本史』が、あえて紀伝体をとり、南朝正統論の立場に立ったのも、また新井白石（1657-1725）が武家政権樹立の立場から、朝廷を滅んだ王朝と見なしたことも、大きくいえば朱子学的歴史観の中で、この問題にどう取り組んだかという、それぞれの態度の表明であった。

朱子学的歴史観の解体

しかし、幕末のナショナリスティックな歴史意識の形成には、このような朱子学的歴史観、世界観の解体が必須の条件であった。荻生徂徠（ぎゅうそらい）（1666-1728）に代表される古学派の歴史観は、それを準備したといえるだろう。中国古代の聖人を「道」の制作者として絶対化する徂徠は、単なる中華主義者ではない。むしろ「先王の道」を秦漢以後の中国の歴史からも切断し普遍化することによって、かえって「日本の歴史課程の把握に独特な思考方法を導入している」という野口氏の指摘は重要である。徂徠の古への視線を日本に置き換えるとき、そこから国学への道は一筋である。やがて徂徠学と水戸学の洗礼を受けた後期水戸学によって歴史意識は国体論的、政治的イデオロギーを形成していくことになる。

野口氏は、歴史思想上の問題として勤王思想が独自のイデオロギ

一として形成される条件として，(1)万世一系の論理が儒学的普遍性の否定にまで進むこと，(2)儒学にかわる原理として日本の歴史的個体性が普遍化され，それによって皇統の権威が復活すること，(3)同時代の政治的現実としての封建社会への批判が天皇親政への夢想と結びつくこと，の3つを挙げている。国学や後期水戸学にあてはまるこれらの条件は，しかし頼山陽の『日本外史』にはすべてあてはまらない。野口氏はそこから山陽の歴史意識を再検証していく。たしかに朱子学的な理の支配を脱却した山陽の歴史観は，歴史を動かす原動力として「勢」という概念を提出する。しかしそれは歴史的相対主義の氾濫を意味するのでもなく，歴史に外から働きかける必然的力でもない。あくまで「勢」は，歴史の内部で当の歴史を動かしていく人間の営為の内に形成される力であり，その「勢」を制するのもまた人間なのである。儒学的経世済民の理想は，あくまでもその人間の営為を通して追求される。ここには山陽を育てた儒学が，伊藤仁斎・荻生徂徠を経て，すでに朱子学的儒学体系から大きく異なるものとなっていたということが作用している。野口氏が，山陽における「天」の概念を特に詳しく論じているのはそのためであろう。「理」に媒介された天人合一的世界観に代わる超歴史的原理を山陽はまったく提示しない。しかし後に形成される幕末の歴史意識は，空位となった「理」のあとに，「皇統」を置くのである。

近代の史学史への視点

　幕末の歴史意識の形成にいたる近世史学史をたどる本書が，江戸の歴史思想を語るうえで欠くことのできない文献であることはいうまでもないが，歴史的ロマン主義の構造に焦点をあてることによっ

て近代歴史学への重要な視点を提出している。「日本の近代百年の思想史を，すべて歴史主義の一語をもって蔽いつくすことができないのはもちろんだが，しかし明治から昭和20年の敗戦まで，国家の命運の導きの糸となったのがけっきょくは歴史主義的思惟であったことを，われわれが決して忘れてはなるまい」という氏の指摘は重要である。江戸の歴史家たちの仕事は，近代の歴史主義を映し出す鏡となる。近代史学史が勤王主義の教科書としてとして見いだしてきた頼山陽の『日本外史』は，そのようなものとしてしか『日本外史』を読めなかった近代の歴史意識を改めて問う手がかりともなるだろう。そこから生まれたのは「国体の理念」だけであったのか。山陽の歴史学を生んだのは，国学でも水戸学とも異なるものであったとすれば，そこにはどのような可能性が秘められていたのか。今また歴史主義的思惟が復活するなかで，本書の提起する問題は大きい。

野口武彦（のぐち・たけひこ　1937- ）

　文芸評論家，日本近世史，神戸大学名誉教授。主な著作に，『谷崎潤一郎論』『「源氏物語」を江戸から読む』『王道と革命の間』『鳥羽伏見の戦い』など。

参考・関連文献
　『橋川文三著作集4　歴史意識の問題・歴史と世代』（筑摩書房，2001年）
　野口武彦『江戸の歴史意識』（朝日新聞社，1987年）

（宮川　康子）

子安宣邦

『江戸思想史講義』

岩波書店，1998年（岩波現代文庫，2010年）

―― 言語としての思想 ――

　これは従来の思想史とはまったく異なる新しい形の思想史である。本書で取り上げられているのは，中江藤樹（1608-1648），闇齋学派，伊藤仁斎，三宅尚斎（1662-1741），荻生徂徠，中井履軒（1732-1817），賀茂真淵（1697-1769），本居宣長（1730-1801）という江戸の思想家たちであるが，本書はそれぞれの思想家の内在的研究ではないし，その思想の概説でももちろんない。むしろ近代が作り上げて来たそれぞれの思想家像を解体し，それを構成してきた近代の思考の枠組み自体を明るみに出すような作業がそこで展開されていくのである。著者はそれを「方法としての江戸」と呼ぶ。

　それは「実体」としての江戸ではなく，視座としての「江戸」を設定することによって，近代をとらえ直すことであり，また同時に近代の読み直しが，江戸の新たな読み直しを要請してくるという複合的な思想史的作業なのである。

　しかも「方法としての江戸」は，既製の批評理論や方法論によるものでもない。あくまでも「近代知の脱構築」と「近代知の考古学」という二つの道筋を通る実際の作業を通じて事後的に見出されてきたものである。そこにはあらかじめ予想されるような結論はな

い。ただ著者が隠されていたものを明らかに指し示す手つきに従って，そこに見えてくる近代の新たな断面と鏡のようにそこに二重写しになった江戸の思想家たちの姿が浮かび上がって来る。

このような思想史に対して，その内容を概説することは意味をなさないだろう。それこそ本書で扱われている朱子の後継者たちの再構成の言説と同じことになってしまう。考えられる唯一の方法は，一人の読者として私がそこに何を新たに発見したか，どのような新たな見方を得たかを語ることしかないだろう。本書は始めから，輪郭を持った思想家の全体像や，その思想の分かりやすい解説を期待する受動的読者を拒絶しているからである。

言語の性質

まず一つの大きな驚きは，思想を語る言葉の，その言語としての性質に着目することによっていかに多くのことが見えてくるかということである。単なる言説分析でもなく，また語用論的なアプローチからする読解でもなく，それらの視点を含み込みながら，歴史上に語られた言葉の性質というものに著者は着目する。第2章で取り上げられる山崎闇斎学派の言語についての分析はその代表であろう。崎門派に特徴的な〈講義〉や〈口説〉という言語，オノマトペや比喩に満ちた口語でたたみかけるように説かれる言語の特殊性については多くの人たちが指摘している。しかし記述的な言語で説明することのできない「心法」の奥義を語る言語とは，どのような性質の言語であるのかを問おうとしたものはかつてない。言語の性質とは，意味の伝達という言語の機能を越えて，言語活動のあり方自体が持つ意味をも問うものなのである。

この意味でいえば，崎門派の〈講義〉という言語活動は，それ自

体が教授の方法というより、思考展開の方法としてある。そしてそれは意味内容を伝えるというよりむしろ〈心法〉の体認を迫り、主体的自己の確立を要請するものとして作用していくのである。このように見て行くと、このような言語を共有することが、自己という内部を形成し、さらに日本の〈内部〉を形成していくことにつながるということがよく理解できる。さらに言えば、現代においても、心の、民族の、共同体の〈内部〉を説く言語には、多かれ少なかれ崎門派的言語の性質に近似するものが見てとれるのではないか。

　第1章の中江藤樹の〈孝〉についての分析も、藤樹の言葉の異端的な異様さに注目しながら、その言語の性質をあきらかにしようとしたものである。母の胎中にある時からの己の姿を観想せよというような、日本思想史上に類をみない身体的表象をともなった言語とは、どのような性質の言語であるのか。現代の我々にとってそれが異様に感じられるとすれば、そこには近代から見えなくなってしまった何かが隠されているはずである。著者はそこに民の側に立って民の世界を共有しながら説かれる言説の性質を見る。そこに現れるのは村人の教師として「聖(ひじり)」と呼ばれた藤樹の姿であり、それは近代日本が作り上げて来た「孝子」藤樹の像とはかけ離れたものなのである。

虚と実

　言語の性質に向けられた著者の視線は、仁斎・徂徠以後の古学と呼ばれる思想が、言語そのものへの反省を土台として生まれてきたものであることを照らし出す。宋学の集大成としてある陳北渓の『性理字義』と伊藤仁斎の『語孟字義』という二つの字義の比較によって著者はそれぞれの思惟体系の違いを明らかにする。そして、

仁斎が理気二元論と天人相関的宇宙論の中にある朱子学の形而上学的言説の性格を見抜き，それと解体的に関わることによって自らの古学の立場を見出していく過程を描き出す。「古え」に向けられた視線が言語の歴史的相対化をもたらすということが言われるが，仁斎の宋学的言語との格闘を見て行くと，果たして「古え」の発見がまず始めにあって言語の歴史的相対化が可能になったのか，むしろ言語の性格そのものへの考察が「古え」の発見に繋がったのではないかという思いがする。

「理」を存在の根源とする朱子学の形而上的言語体系の性格を，「実」を持たない虚偽ととらえることから仁斎の根本的な思想が展開する。元来普遍的真理に基づく体系とは，現実のすべてを説明することを使命とするのであるから，その理論体系は抽象化された形式的真理概念を要請することになる。仁斎は「理」がこのような要請された概念であることを見抜いていた。そして理気二元論的思惟構造そのものを，「実」の概念によって解体しようとする。歴史的・社会的な実体を備えた「実」なる言葉の発見は，朱子の後継者たちが辿る朱子学の再構成の言説，すなわち形式の中に恣意的な実体を読みこみ，それを絶対化するような実体化とはまったく異なるものである。人間孔子の言葉を歴史的・社会的内実をそなえた〈実なる言語〉として読みぬくことが仁斎の方法であった。それは虚偽の言語体系への問題意識なしには生まれないものである。

擬古という方法

このように見て来ると，本書で取り上げられている徂徠と宣長の擬古という方法の問題についても，その言語の性格が問われることになるだろう。著者は徂徠の礼楽論を「人間についての〈外部〉的

な言語」と規定する。そこからすると仁斎がとらえていた虚と実の問題は、徂徠にとっては、外と内の問題として構造化されるのではないか。言語による教えを儒家者流の内部的言説として否定する徂徠は、「礼楽」(文化)の中に、「物」としての教えを見出す。それは第二の自然としての制度のなかに身を置く事で、つまり身体的にそれと化することによって体認される教えである。擬古という古文辞学の方法も、このように外在化された言語に対する理解の方法として提示されてくるのである。それは単にその言語の意味内容を理解するという意味での理解ではあり得ない。先王の礼楽は、古言としての五経の言葉の中にある。その言葉は物と名が一致した教えとしての言語である。それを理解するとは、その古言の形を徹底的に真似ることによって、それと化し体認するということである。

　仁斎が「実」としてとらえていた言語の意義は、ここでは言語の形式としてとらえられているといえないだろうか。古言とは物と名が合致した言語という形式の下にはじめて教えとしての意味を持つのである。擬古とはその形式を自らのものとすることによって真理を体得する方法にほかならない。

　超越的な原理を否定する仁斎の思想とは違って、擬古的言説は古言の形式そのものを絶対化する。ここで見出される「古え」が先王の聖性によって規定されなければならないのはそのためである。

　同様なことは、著者が注目する真淵と宣長の言語の性格の違いにも見出されるだろう。真淵にとって、「こころ詞(ことば)」という言い方に端的に示されるように、歌の詞はそのまま実情の表出であり、歌会という人為的な場で題詠によって読まれる歌は、どんなに巧みに詠まれていても、虚偽の詞に他ならなかった。しかし実情ということを、詞と心が一つになった歌の内容とはせずに、詠みたいように詠

むという詠歌の実践の場における心構え一般にまで拡大することによって，宣長は歌の詞にこめられた実情概念を解体してしまう。それはまさに「詞花言葉の玩び」以外の何者でもない。宣長の「もののあはれ」は，まさに実情ではなく，「もののあはれ」を知る理論として抽象される形式であり，規範なのである。

　こう考えると宣長が古事記研究にあたって，まずその言語を「上代の真実」そのものであると規定しなければならなかったことも理解できるだろう。それはまさに「文」としてある真実の形そのものに他ならない。擬古という形式を通じて徂徠と宣長は相似形を描いている。その形式を何に適応するかという思想の真実の動機は，彼らの言説上には現れてはこないだろう。著者は山路愛山が「文章則ち事業なり」という自らの立場を重ねつつ徂徠の文章を辿りながら，ついにそこに功利主義者徂徠を見出してしまう有様を描いているが，それは小林秀雄が「言語のゆく道は則ち歴史のゆく道である」としながら宣長の内部の世界を描き出して行く有様を想起させずにはいない。擬古の方法とは常に外部を語りながら，内部の迷宮を秘する構造を持っているのである。

　江戸を方法的視座として描き出されたそれぞれの言語の性格は，近代におけるその再生が持つ問題をあきらかにする。そして思想にとって何が真の問題なのかを考える手がかりを与えてくれる。

参考・関連文献

　子安宣邦『「事件」としての徂徠学』(ちくま学芸文庫，2000 年)
　子安宣邦『方法としての江戸』(ぺりかん社，2000 年)
　子安宣邦『伊藤仁斎の世界』(ぺりかん社，2004 年)

　　　　　　　　　　　　　　　　　　　　　　　(宮川　康子)

ヘルマン・オームス

『徳川イデオロギー』
Tokugawa Ideology, 1985

黒住真ほか訳, ぺりかん社, 1990 年

——日本唯一のイデオロギーなのか——

　「徳川初期イデオロギーは, 日本最初のイデオロギーであり, またある意味では, かつて日本が有した唯一のイデオロギーでもある」, そして「今日の日本における社会的・政治的諸価値は, 17世紀に獲得した構造をそのまま持ち続けている」とオームスはいう。その意味では本書は徳川イデオロギーの成立の諸相を明らかにするものであると同時に, 「日本イデオロギー」の研究でもあるということができよう。

　徳川家康が太平の世の礎を築くにあたって朱子学を導入し, 幕藩体制の公式イデオロギーとした, というのは今日でもよく言われることである。本書は, この徳川イデオロギーの「始まり」についての通説に疑義をとなえることから始まる。この「始まり」の物語は林家によって作り上げられたものであり, またそもそもイデオロギーとは, 支配者の明確で単一な意図のもとに作り上げられるものではない。それは多くの人々がそれぞれの動機にしたがって組み上げて来た複雑な歴史を持つ構成物なのである。したがって本書の研究方法は, 単なるイデオロギー暴露的アプローチではなく, 主に認識論的な言説分析の手法によっている。

イデオロギーの完成

なぜ徳川イデオロギーが，日本最初のイデオロギーとなるのか。それは徳川新体制が，武力による統一を成し遂げることで，支配階級としての武士と，その他の非支配階級という構造をもった新しい社会を形成し，その秩序を保つことが急務となったからである。オームスは，織豊期にまでさかのぼり，支配者の神聖化の過程を主に儀礼を中心として分析し，ついで支配の正統性確立の手段としてイデオロギーが多様な人々によって，神道的権威や仏教思想などを取り込みながら産出されていく様を論じる。そしてこの徳川イデオロギーの完成態を作り出したのが，山崎闇斎であるとオームスはいうのである。

ではなぜそれが「かつて日本が有した唯一のイデオロギーである」といわれるのか。この点に関しては，オームスがイデオロギー分析の理論として依拠したものが何なのかということが問題となるだろう。批評理論と研究との関係についていえば，オームスの場合，対象の分析や問題意識に従って，さまざまな批評理論を活用するというのがその特徴である。序文でオームス自身が明らかにしているように，アルチュセール，バルト，フーコー，ハーバマス，ジェイムソン，ブルデューなどがいわば断章取義的に援用される。その背後にあるのは，マルクス主義的解釈と構造主義の影響である。このことはオームス自身の理論的基盤を見えにくくする傾向がないでもないが，しかし逆に理論的立場を問題に優先させることからする弊害を免れているともいえる。オームスの目的は日本イデオロギーの原型としての徳川イデオロギーの歴史的成立とその構造を明らかにすることであり，その問題を解くために理論が要請される。そして理論によって開かれた視野が，問題をさらに深化させていく。

オームスは山崎闇斎に「イデオロギー的完結」を見るのだが，オームスがここで依拠するのは，ツヴェタン・トドロフの象徴表現と解釈の理論，そしてフレドリック・ジェイムソンの「イデオロギー的完結」の概念である。トドロフは教父神学の聖書解釈の伝統に，解釈の4つのレベルがあることを指摘した。それは(1)字義通りのレベル（歴史的事実性），(2)寓意的レベル（解釈の鍵），(3)倫理的レベル（主体の行動の意味），(4)超越的レベル（歴史の集合的意味）である。ジェイムソンはこの解釈の4つのレベルを含む表象の体系が，個人を倫理的行動の主体たらしめ，国家との想像上の関係のなかで生きることを命ずるイデオロギーとなるという。

　この構図は，山崎闇斎の垂加神道にぴったりとあてはまる。闇斎の神道教説は，神道家たちの狭い世界に閉じ込められていた神道を，イデオロギー的に完結させ，「支配者を有徳の統治者に変容させ，政治的・社会的レベルにおいては明らかに区分・分離されていた新社会を，神聖な身分の全体として意味づけ，そして最後に，被支配者である大衆から責任ある主体＝臣民を創出したのである」とオームスはいう。

　アルチュセールのイデオロギー論に淵源するこのようなイデオロギー理解は，もちろん唯一の見方ではないし，ここにいう「イデオロギー完結」の条件をそろえていない教説であっても，それがイデオロギー的に働かないというわけではないだろう。しかし闇齋の思想がこのような「イデオロギー的完結」と呼び得る体系を備えていたことが，江戸時代における闇齋学派の影響力の大きさとその継続を説明することは確かである。オームスは近代におけるその働きにも言及する。たとえば1890年代に模範的臣民を創出する教育制度が必要となったとき，あるいは1930年代に国民総動員が要求され

たとき，国家が頼ったのはこの闇齋のイデオロギー装置であった。『教育勅語』と『国体の本義』にも，上述のような神道的伝統の4層の構造が認められるとオームスはいうのである。

この意味で，オームスは「闇齋が構築したイデオロギーは，他の〈日本イデオロギー〉の表現よりも構造的に完成したものであること」，そしてイデオロギー構造の観点からみれば，「闇齋以後にはイデオロギー構造の改良はなされていない，闇齋で完成の域に達している」という。それが「かつて日本が有した唯一のイデオロギー」ということの意味なのである。

権力とイデオロギー

このような大胆な発言については，むろん多くの異論もあるだろう。先にも述べたように，イデオロギーの諸相は，構造的完結という視点からのみ測れるものではない。しかしここでオームスのイデオロギー論自体を決定論的に受け止めて，その是非を云々することは非生産的議論しか生まない。オームスは一貫して徳川体制を軍事力を背景とした統治組織として性格づけ，新たな社会の統治原理としてのイデオロギーが，支配者階級と被支配者階級を分離する境界において，「初めて形作られつつある社会についての真理」として産出されてくる様相を明らかにしようとした。しかし「その真理は，全き真理と受け取られた半真理という性格を持っていた。語り得ない新社会に関する真理とは，この社会は，少数者が多数者を統治する恣意的組織だ，本質的な理論的根拠は何もない恣意的組織だ，ということであった。だからこそこの組織は，それ自身に関する歪んだ知識によって意味づけられなくてはならなかったのである」とオームスはいう。オームスの問題の根底にあるのは，この支配権力の

構造であり，この視点がイデオロギーの構造分析を要請したのである。

それゆえオームスが，闇斎の構築したイデオロギーを一つの完結した体系と見，近代以降の『教育勅語』や『国体の本義』におけるその再生を言う時，そこで言われているのは，明治以降の日本も，国民国家の創出というまったく新しい社会の形成を課題とし，軍事力を背景として統治の拡大を進めていったということ，そして闇斎のイデオロギーの構造がそこで呼び出され，有効に機能していったということであろう。

オームスは最後に，予想される批判への弁護として，ハーバマスの一般化可能な利害の抑圧というモデルと理念的言語空間という概念によって，公式イデオロギーによって抑圧され沈黙を余儀なくされたものへの視線を提出している。ハーバマスが提案するのは，「もしも抑圧がなければ到達したであろうと考えられる状態を仮説として再構成すること」であり，それによって「抑圧された，すなわち潜在的な，主張・要求という非事実を概念化」することであった。「もしもそうした再構成が，埋もれた要求・利害の領域である沈黙に，説得力のある仕方で注意を促し得るならば，イデオロギーという語彙を特別に使用して徳川時代初期の政治思想を定義することは，充分に是認されよう」とオームスはいう。

本研究を構成するオームスの問題の所在がここにあることは明らかであろう。本書においてオームスは安藤昌益（1703-1762）の思想と，大本教の教祖・出口なお（1836-1918）の思想にカウンター・イデオロギーの可能性を見ているが，やがてそれはイデオロギー表象の問題から，それが権力に代わって日常生活をどのように規定していくのか，その実践的レベルの研究へと進んでいく。その成果が

『徳川ビレッジ』である。オームスはブルデューの理論を背景としながら，村における実践の諸相を通じて，抑圧された一般的利害の要求と抗争のあり方を明らかにする。これはまさに『徳川イデオロギー』にたいする「徳川プラクティス」ともいうべき著作であろう。

『徳川イデオロギー』が，近代日本における〈日本イデオロギー〉の成立についての視野の下にあったのと同様，『徳川ビレッジ』は，徳川村落における主体としての農民の形成を追いながら，近代天皇制国家における臣民の成立とその実践についてのパースペクティブを提出する。両書をぜひ合わせて読まれることをお勧めする。

――――――――――

ヘルマン・オームス（Herman Ooms, 1937-　）

　ベルギー生れの歴史学者。専攻は，江戸時代および奈良時代の思想史・社会史。カリフォルニア大学ロサンゼルス校日本史教授。

参考・関連文献

　ヘルマン・オームス『徳川ビレッジ　近世村落における階級・身分・権力・法』（宮川康子監訳，ぺりかん社，2008年）

（宮川　康子）

丸山眞男

『日本政治思想史研究』

東京大学出版会，1952年

——日本思想史研究の指標——

　日本思想史の30冊に入れるべき本として，多くの人の頭にまず浮かぶ本がこの『日本政治思想史研究』であろう。戦後民主主義の生んだ最高の知識人が丸山眞男であり，戦前からの日本思想の研究——村岡典嗣や，東大倫理学の国民道徳論の系譜（井上哲次郎や和辻哲郎）——とは異なり，近世を一貫するストーリーで語り切ったのが本書だからである。その結果，近世は林羅山に始まり，荻生徂徠で最高峰を極め，本居宣長へとつながるとする物語がある一方，その物語から洩れ落ちた多くの儒学者や，また儒学以外の神道・仏教・民衆宗教等が存在することとなった。そして，丸山の問題提起にどのような立場から発言するのかをめぐって，思想史研究は存在してきたと言っても過言ではあるまい。その意味で，戦後「日本思想史」研究は丸山とともに成立した。

　思想史研究は，この書の時代設定にならうようにして，近世思想史研究者を輩出してもきたのだが，思想史研究に狭く限定せずとも，本書は良くも悪くも日本の戦後を代表する1冊と言うことが可能であろう。以下では，この本が日本思想史という学知を，どのようなものとして構成してきたかという関心とともに，より大きく，日本

の戦後とどのような共犯関係を結ぶのかにも関心を向けながら論を進めたい。

若き丸山とマルクス主義

　『日本政治思想史研究』が1冊の本として発行されたのは，1952年であるが，そこに収められた3本の論文は，戦時中にすでに個別に発表されていたものである。戦後の日本近世思想史研究を左右するこの本が，30歳になる前にすでにかたちが出来上がっていたというのは驚きである。丸山の早熟さを側面から示す，もうひとつのエピソードとして，1933年に唯物論研究会の講演会に参加し検挙されたという事件がある。これは丸山が19歳の時であった。早熟な丸山は，マルクス主義に関心を抱くと同時に，マルクス主義が弾圧される時代を体験してもいた。

　丸山は，単純な反共主義者ではない。マルクスに関心を持ちながら，マルクス主義者とはならない，日本の戦後では希有な非マルクス主義者であった。戦後数十年間続くマルクス主義全盛期に於いて，日本を代表する知性が，初発から非マルクス主義的に形成されたこと自体，もっと注目されて良いのではなかろうか。ともかく，こうした丸山のある種強靱な思想的立場は，本書で言えば「朱子学的思惟様式」「思惟方法」といった用語に端的に表れていると考えられる。「変革は表面的な政治論の奥深く思惟方法そのもののうちに目立たずしかし着々と進行していた」といった問題設定自体が，当時は新鮮であっただろう。戦後の論壇に名をはせた論文「超国家主義の論理と心理」も同様に，「超国家主義」に関する従来の考察は，社会的経済的背景であって，その「思想構造乃至心理的基盤の分析」は本格的に取り上げられていない，と非マルクス主義的立場を

明確に提示し，丸山独自の視点からの考察を行っている。

生き残り続ける丸山思想史

丸山思想史は，戦後長く日本思想史研究の世界に君臨してきた。それは，丸山が一つの近代化の物語を提出したことと深く関わっている。近世思想史研究者は徂徠を語り，徂徠を語ることとは，近代への道筋を語ることとなったのである。朱子学から始まった近世は，(徂徠がたとえ政治的には「反動」であったとしても) 奥深いところであるべき近代を着実に用意していたという物語に対して，何らかの言及が必要とされたのである。もちろん丸山の場合，それが戦時下の天皇制ファシズムへの，丸山なりの抵抗を含んでいたことも言い添えておこう。

例えば，丸山の設定である「朱子学的思惟様式の解体過程」とは，物語の始まりに，林羅山を位置づけるものであった。それに対抗するかのように，後の研究者は，近世は朱子学から始まったのか，担い手は羅山でいいのかといった問いを立て，実証的な研究は大きく進んだと言えよう。しかし，物語を語る丸山に対して，羅山研究の進展は，丸山の議論を解体することなく，むしろ補論として機能する側面を持たされてきた。丸山の議論に吸収され，丸山の議論をより精緻にする働きを担わされてきたのである。補論として吸収されてしまう有り様は，丸山が言及しなかった思想家を取り上げるときですら同様に機能した。近世から近代へという大きな物語は補強されることはあっても，決して解体されることはなかったのである。

別の角度から指摘すれば，丸山思想史への関心の集中は，戦後民主主義を確立する上で必須のように考えられていた近代的主体探しの欲望とも密接に連関していた。日本の戦争への反省を，近代的主

体を確立することによって遂行しようというのである。丸山が徂徠に見たものが近代的主体なのか，主体の萌芽なのかはここでは問題ではない。ひとりひとりの主体の確立こそが，過去の戦争を再び繰り返さないことを可能にするとの共通認識に支えられる中で，丸山の近世から近代に到る主体探しの研究は，広範な支持を取り付けてきた。そして，今現在の丸山に対する高い評価も，このことへの共感抜きには理解できないであろう。

丸山思想史の陥穽

しかし果たして，近世と近代とは時間的に連続しているのであろうか？　時間が連続する意識こそ，近代的時間意識そのものではないのか？　近代的時間意識を問題化することなく，そのままそれを近世に投影するとき，過去は他者性を失い，近代人の「片鱗」や「萌芽」を持つ，近代と連続する「自己」の一部として飼い慣らされるのである。近代的主体を近世に探す視線そのものが問われねばならないにもかかわらず，近代的時間を近世に持ち込む丸山の物語からは，近代自体を反省させる契機を引き出せないのである。またこのことを裏返しに見て肯定的に言及するならば，まさに丸山の物語は，近代的物語として完成度の高いものであり，近代人に説得的な構成を持っているとも言えよう。

あるいはまた，丸山の記述は，近代を射程に入れながら，そして天皇制ファシズムを批判的前提にしながらなされたものであると同時に，その関心は日本内部にのみ注がれたことも指摘しておかねばならない。無論戦後日本に蔓延した一国史的な記述の責任を，丸山ひとりに帰すのは間違っている。しかし，戦後日本の「アジア」を見ない在り方は，丸山に典型的に見出されるものであり，丸山のこ

の書での議論に真面目につきあえばつきあうほど，世界史的に直面しているはずの近代が，日本内部でのみ発展し完成するものであるかのような，錯覚を生じさせるのである。近代は近代に誕生するのであって，日本の内部深くに，はるか過去からつながって胚胎してくるものではない。

　また，丸山の物語は，ヨーロッパ近代をモデルにしながらも，そうはならなかった特殊日本を語るものである。つまり，『日本政治思想史研究』は，純学術的記述の体裁をとりながら，丸山の近代への渇望が情緒的な言葉で語られる書であると同時に，近代を用意する日本独自の物語——すなわち特殊日本文化論的な書でもあることが指摘できるであろう。主体的な「国民」の形成，これこそが丸山の目指したものであり，その契機を近世に探し求めたのが『日本政治思想史研究』であるのだが，それはまた独特の形成過程を辿るひとつの「国民」の物語でもあったのである。

いま読み返すにあたって

　「近代」「国民」「民主主義」，こうした言葉の魅力と可能性を，若き丸山が渾身の力で描ききったこの書を，私たちはいまという時点で，どう読むことできるのだろうか？　あるべき近代を丸山は執拗に追いかけた。「近代」「国民」「民主主義」，こうした言葉が現実の社会を構成し，その問題も明らかになってきている現在，私たちはもはや，こうした言葉を無条件に追い求めることはできないであろう。むしろ逆に，「近代」「国民」「民主主義」と反省的に向き合うべき時代を生きているのだと言うことができるだろう。

　とすれば，『日本政治思想史研究』は，すでに過ぎ去ろうとしている時代の古典として存在させるべきではないか。いまだに続く丸

山礼賛を終わらせ，ひとつの時代の象徴として，すなわち過去の優れた作品としてこそ読まれるべきではないだろうか。なぜなら時代は，もう丸山を遙かに超えて進んでいるのだから。

丸山眞男（まるやま・まさお　1914-1996）

　政治学者，東京大学名誉教授。主な著作に，『現代政治の思想と行動』『日本の思想』『忠誠と反逆』など。『丸山眞男集』全16巻別巻1（岩波書店）をはじめ，『講義録』全7巻（東京大学出版会），『書簡集』全5巻（みすず書房）などがある。

参考・関連文献

　中野敏男『大塚久雄と丸山真男　動員・主体・戦争責任』（青土社，2001年）

　子安宣邦『事件としての徂徠学』（ちくま学芸文庫，2000年）

　田中浩『日本リベラリズムの系譜　福沢諭吉・長谷川如是閑・丸山真男』（朝日新聞社，2000年）

（樋口　浩造）

尾藤正英

『江戸時代とはなにか』

岩波書店, 1992年（岩波現代文庫, 2006年）

―― 日本独自の近世 ――

　尾藤正英の著作としては，近世前期の思想史を扱った『日本封建思想史研究』(1961)を思い浮かべる向きも多いだろう。また，徂徠学を天皇制との連関で論じた「国家主義の祖型としての徂徠」(1974)も著名な論文である。これらは，朱子学の解体過程から近代の萌芽を読みとろうとする丸山眞男の『日本政治思想史研究』とは異なる議論を求める研究者に，影響を及ぼしてきた。しかしここでは，後に岩波現代文庫にも収められる表記の本を取り上げ，尾藤の思想史研究の方法意識とでも呼ぶべきものを中心に取り上げていきたい。

近世と近代

　本書副題（「日本史上の近世と近代」）にもあるが，尾藤はこの本の冒頭を時代区分論から始める。その構えは大きい。尾藤は，戦国期を境として，日本の歴史は古代と近代との二つに分けられるとする仮説を出す。「徳川幕府のもとで完成された江戸時代の国家体制は，日本史の上で古代国家と並ぶ，第二の統一国家」として位置づけられている。ここで言われる「近代」とは，現在私たちが歴史区分で

目にする近世と近代とを含み込んでいる。兵農分離や家制度の確立，あるいは「国民的宗教」の成立など様々な側面から，日本独自の国家形成としての「近代」(近世)を見ようとするのである。それは，「役の体系」と尾藤が呼ぶところの，「職業に基づく社会組織の原理」とされる。尾藤の視点は，なぜ「270年に及ぶ平和の持続が可能」であったのかを説明しようとするもので，そこには「権力意志」だけではなく，「ある程度まで国民全体の要求にも合致するものがあった」はずだという問題設定がある。

この問題設定への尾藤なりの回答が「役の体系」と呼ぶものである。「先行する時期に激化していた社会的矛盾と，それに由来する社会変動とを解決するための，ある種の方向ないし方法がみいだされ，それが成功裏に実現されていった時期」として16世紀から17世紀初めを論じるのである。中世の「職」の体系と対比的に論じられたり，網野善彦の中世的「自由」「平和」の議論に対して，近世を「統制」と考える風潮への反論も含まれているようで，様々な道具立てが，尾藤の議論に動員されていく。伊藤仁斎や荻生徂徠，本居宣長も，一個の思想家としてその真価を問われるというよりは，尾藤の議論の道具立てとしてその解釈が示されていく。最後に収められた長文の論文では，美濃部達吉の天皇機関説問題に言及し，そこに「共同体としての国家意識」という「近代」(近世)に成立した「伝統的観念」の存在を指摘していく。江戸時代の重要性をいうために，江戸期を中心にしつつもスケールの大きな議論が展開されているのが本書である。

江戸時代とはなにか

尾藤の大きな議論にそのまま正面から応じる用意はないが，近世

前期の捉え方から、まずは具体的に問題を考えてみよう。江戸時代前期は、たとえば人口爆発と形容されるように、中世以来の人口が倍増した時期であると考えられている。確かに兵農分離が重要であるだろうし、いわゆる定住社会の出現によって、家制度が確立していく時期でもある。このことと寺檀制の確立も同時並行的な問題と考えてよい。「家」が存在するようになることと、庶民階級が墓を持つようになることとは重なりあって進む。「家」が代々子孫に継承される家制度の確立とは、先祖代々の墓が後々まで守られていく保証ともなっていくのである。大きな社会変動が、新しい定住社会の始まりとして、ある方向に固まって行く時期であることは確かであろう。

たとえば、寺檀制が確立し、庶民が墓をもち、継続する「家」のもとに定住する社会が出現したことを、尾藤は「仏教が、まさに国民的な規模で定着した」と形容する。日本的な「近代」（近世）をそこに見ようとするのだ。あるいは、葬式仏教と見なされる江戸の仏教を、むしろ「鎌倉仏教の諸宗派を中心とした仏教が、この時期に社会に普及したことの意義」を考えるべきだ、とも主張している。確かに身分の上下を問わず、寺請制度は貫徹した。ある近世前期の神職者は、神に仕えるものまでが、キリシタンではない証明を寺にしてもらうことを心外だと憤っていた。仏教が庶民階級も含めて、組織的にもっとも浸透したのは江戸時代であるだろう。そしてそうした観点からの、江戸仏教思想史の見直しが必要であるとのメッセージを受け止めたいと思う。また、社会変動とそれに続く体制の確立を背景に、思想史をも捉え返そうとする方法は、思想家個人に還元されがちな思想史へのアンチテーゼとなり、社会と思想とが絡まり合うダイナミズムを視野に収めるものであると言うこともできる

であろう。

　しかし, それは「近代」の問題であるのだろうか。疑問は疑問としながらも, その前にもう少しこの議論に付き合っておこう。テッサ・モーリスはアイヌ史を描く中で,「商業資本主義」という視点から江戸時代を捉えている。江戸時代はアイヌにとり, 過酷な収奪の時代の始まりであった。が, それは国家権力そのものの発動ではなく, インドに東インド会社が設立されるように, そのエージェントによって, すなわち「商業資本主義」の暴力によって収奪されたと指摘している。世界史的な共通の土俵にのせながら, しかも江戸時代を, 商業を付けてはいるが「資本主義」という用語で説明してしまう問題意識に注目したい。尾藤は「世界史共通の発展法則」は「ヨーロッパ以外には当てはまらない」とする点で, テッサ・モーリスとは異なる立場に立っている。しかし両者の議論は一様に,「近代」や「資本主義」という用語を, 固定的な時期区分の先入見なしに, もう少し柔軟に考えてみる必要があることを訴えてはいないか。

「江戸時代とはなにか」とはなにか

　ここまでできるだけ尾藤の議論に即しつつ書いてきたが, 次に, 思想史の構えをめぐって述べておきたい。尾藤の議論は, ある欲望というか価値観に支えられている。それは本書を貫くものとして執拗に顔を出してくる「内発的近代」への思い入れである。「日本的近代」「固有の発展」そうしたものを見出そうとする欲望が, 本書を貫いているのである。西洋化を意味する外来思想による明治維新以後の「近代」に対して, 日本独自の「近代」として, 近世が対置されるのだ。

その意味で、これは江戸を論じた、一種の日本文化論である。外来思想としての、個人主義的な朱子学に対して、「社会の人間関係の中で分担している役割」に着目する仁斎や、「自律的な人格」を「社会的な存在」として考える荻生徂徠に、日本独自の思想形成を見出し着目していくのである。この視点は美濃部達吉への評価にまで一貫して登場する。美濃部の天皇機関説がもし、「外来の思想を根拠としたものであったとすれば、機関説の排撃を唱えた主張にも、幾分かの正統性が認められることとなろう」といった論じ方からは、ほとんど外来だから悪いとする、極めて短絡な論点が見て取れる。

近代から自由な地域は存在しえない、そうした世界史的な時代に私たちは生きている。としたら、様々な地域に様々な近代化が存在するのは当然であろう。ちょうど私たちが、ナショナリズムが普遍的に存在する時代を生きていながら、それぞれのナショナリズムが特殊で独自の国民性とともに認識されるのに等しい。文化を論じる際に、その初発がどこであるかと、その起源に目を奪われてはならない。文化は身につけた者がその所有者である。外来と土着、あるいは普遍と特殊といった、二項対立から日本思想へ着目する議論はしばしば見受けられるのだが、その代表的なまた最も早い論者が尾藤であると考えられる。尾藤に代表させながら、外来思想の日本化の過程を論じる日本化論を含む、こうした議論の問題を最後に論じておこうと思う。

私は、日本独自の文化を語る欲望は、結局のところ天皇制に絡め取られるのではないかという見通しを持っている。明治維新以前で日本独自の文化を語ろうとするとき、東アジア世界と比較するならば、独自性主張の欲望に応えてくれそうなものは、天皇制と武士の存在、思想史的にいえば武士道の議論ぐらいしかないのではなかろ

うか。むしろ,「日本人」という単位でなぜ独自性をほしがるのか,そうした発想自体が,西洋に発する近代ナショナリズムに囚われていることを,現在の読者が反省的に考えてくれることを願っている。「江戸時代とはなにか」という問いとともにある,尾藤自身が囚われている近代的欲望にも,私たちは向き合いつつ,次の時代への模索をしていかねばならないだろう。

丸山思想史への対抗として,尾藤の議論が有効であった時代とは,丸山とは異なる「近代」の語りをともに追求していた時代であるのかもしれない。世界史的普遍から逸脱したことを問題とする丸山と,逸脱した独自性の中に可能性を探る尾藤の議論と,その双方を乗り越えること,それは私たちが普遍的に存在する近代世界を,特徴ある地域で生きていると認めることではないだろうか。つまりそうした在り方を,普遍的と称しても特殊と見なしても,どちらでもいい時代に生きているということ,このことを思想化することが必要であるのだ。

尾藤正英(びとう・まさひで　1923-)

　日本近世思想史,東京大学名誉教授。主な著作に『日本封建思想史研究』『日本の歴史19　元禄時代』『日本文化の歴史』など。

参考・関連文献
　丸山眞男『日本政治思想史研究』(東京大学出版会,1952年)
　丸山眞男『日本の思想』(岩波新書,1961年)

(樋口　浩造)

第4部

近世②

村岡典嗣

『本居宣長』

初版,警醒社,1911年(岩波書店,1928年／増補版1・2,平凡社東洋文庫,2006年)

—— 「宣長問題」の近代的構成 ——

村岡と『本居宣長』

　村岡典嗣は日本思想史学の学問的にも,制度的にもその創設にかかわった人物である。東北帝国大学の法文学部文化史学講座の教授として,長く日本思想史学科を主宰し,指導してきた。村岡がドイツ留学を終えて東北帝大教授に着任したのは大正13(1924)年である。ちなみに日本のアカデミズムで日本思想史を制度的に学ぶことができたのは,村岡の主宰した東北大学のこの学科においてのみであった。村岡は終戦の翌年,昭和21(1946)年に東北大学を停年退官するが,その2週間後に不幸にも亡くなった。日本の敗戦にいたる昭和前期という時代に村岡は日本の大学におけるただ一つの日本思想史学科の教授として,日本思想史の学的成立とその維持に務めたのである。それは想像をこえる政治的,精神的な圧力のもとでの学的課題の遂行であったであろう。彼の敗戦直後の死は,昭和における村岡日本思想史学の苦闘を告げるもののように私には思われる。

　村岡は明治17(1884)年,東京浅草に生まれた。開成中学から早稲田大学に進み,波多野精一のもとで宗教哲学を学んだ。波多野の影響は村岡の思想史における強い敬虔主義的な視点に見ることがで

きる。村岡はさらに独逸新教神学校を経て、明治41（1908）年に日独郵報社に入社し、新聞記事の翻訳などにしたがった。村岡が宣長研究に入ったのはその頃だとされる。当時刊行された『本居宣長全集』（明治36年刊）の全6巻を読んで宣長論を書くような学者はいないという長谷川如是閑の言葉を聞いて、自分がそれをやってみようと思ったと村岡はいう。如是閑の言葉に触発されて始めた彼の宣長研究は、日本最初の宣長の専門研究書（モノグラフ）『本居宣長』をもたらしただけではない、彼の学問を日本思想史学へと方向付けることにもなるのである。

　村岡の処女作『本居宣長』は明治41（1911）年にキリスト教関係の書物を出版していた警醒社から刊行された。この書は学問的方法意識をもって書かれた最初の宣長研究であった。だが当時宣長の名は国民の間に広く知られたものではなかった。彼の名はまだ国文学や神道学など限られた範囲の人びとの知るものであった。したがって村岡の処女作『本居宣長』もほとんど世間に知られることはなかった。この書が世に知られ、宣長研究の第一の書と評価されるにいたったのは昭和にいたってである。村岡は旧著『本居宣長』を増補改訂し、昭和3（1928）年に岩波書店から『本居宣長』を再版した。これは研究者だけではなく、一般読者にも迎えられ、宣長研究の第一の書としての評価をえるにいたった。

　旧版と増補改訂版との間には、どのような相違があるのか。旧版以降、たしかに著者未見の新資料が公刊されたりしている。再版に当たって著者は新資料によって必要な補正をし、論証を加えたという。だが「大体の論旨や結構は、つとめてそのままとして、ただ部分的に之（改訂）を試みた」だけであると村岡はいっている（「増訂にあたりて」）。とすれば、昭和3年に再版された村岡『本居宣長』

に与えた世の高い評価は，世間の方が変わったからだいうことになる。昭和とは宣長とともに〈日本〉を発見した時代である。

村岡『本居宣長』の結構

昭和にいたって宣長は国民に記憶される名となった。だが「敷島の大和心」の歌によって宣長という人物を，あらためてこの村岡の書にたずねようとした読者は恐らく失望してこの書を投げ出したに違いない。村岡のこの書は読者のそうした心情的な期待に答えるようなものではない。村岡は読者の心情的な期待だけではない，彼自身の心情的な思い入れをも禁欲的に遮断して，実証的な探索者の筆をもって宣長という人とその学とを記述するのである。若くして宣長に出会い，宣長学をもって日本思想史学を形成していった村岡の心深くに宣長への愛と尊敬とがあったことは否定できない。だが村岡は記述の上にそうした心情を表出することはなかった。ここには対象に向かう認識作業と己れの心情とを，あるいは外への知と内にもつ信とを固く区別しようとした〈近代的〉な一人の認識者，研究者がいるのである。

村岡の『本居宣長』とは，近代日本におけるもっとも〈近代的〉な学問意識と方法とをもった研究者による研究成果である。近代日本はひたすら〈日本的心情〉をもって宣長像を作り上げていったとすれば，村岡の『本居宣長』とは近代日本のパラドックスともいうべき学的成果である。村岡の日本思想史学自体が昭和という日本主義時代のパラドックスともいえる学業なのである。だから私は村岡の昭和における日本思想史学形成の作業を〈苦闘〉といったのだ。

村岡の『本居宣長』は，一人の学者・思想家を対象とした専門研究とはかくあるべしというような内容と構成とをもった書である。

まず松坂の商家生まれで，和歌を好み，源氏物語を愛し，古事記の注釈を終生の課題とし，そしてそれを遂行し，やがて神の道をも説いた宣長という人間の生涯が追跡され，伝記的に再構成される。その伝記的記述は，宣長における学問の形成と展開の時期区分をも含んでいる。村岡はそれを四期に区分する。その上で宣長学の展開を各期ごとに村岡は詳細に記述していく。『本居宣長』の300頁を超す諸章は宣長の学的生涯の考証的な詳しい記述からなっている。この書が客観的な記述のレベルを超えて問題を読者に向けて提起してくるのは，第2編第5章「宣長学の意義及び内在的関係」にいたってである。私もかつて院生時代この書を読んで，ここにいたってはじめて傍線を引き，書き入れをした。

　まず村岡は『古事記伝』に代表される宣長の学の概念を問題にする。学の概念の問題とは，宣長が自分の学を「皇国の古へを明らむる学び」または「古学」というその学とは，いかなる学としてわ・れ・わ・れ・は了解するかということである。われわれとは，すでにヨーロッパに成立した近代的な学問観をもつ近代日本のわれわれである。村岡に即していえば，彼はすでにヨーロッパの哲学，ことに宗教哲学を学び，ドイツの新教文化的なエートスを早く自分のものにしている。その村岡が宣長の学の概念を問うとは，宣長の〈古学〉はいかなる近代的な学問概念をもって理解したらよいかということである。明治の中期にかけて日本の伝統的な諸学は，ヨーロッパ流に再定義，再構成されていった。国学を文献学と定義することもすでになされていた。村岡は宣長の〈古学〉をドイツのアウグスト・ベエク（1785-1867）が文献学の本質的意義だという「知られたることを知ること（Das Erkennen des Erkannten）*」の学として再定義するのである。「知られたることを知ること」とは，古代の言語・芸術

によって古人の知り、感じ、信じたことをそのままに正しく理解することである。村岡は宣長の〈古学〉とはこのベエクがいう意義における文献学だというのである。宣長の古事記注釈の学をそのように解することによって、宣長学の本質的意義は明らかにされると村岡はいうのである。すなわち「宣長学の本質的意義は文献学である」と。（＊文献学についての補注で村岡は、文献学の本来の任務は「人間精神から産出されたもの、換言すれば認識せられたものの認識 (Des Erkennen des von menschlichen Geist produzierten, d. h. des Erkannten.)」である、と説いている。）

だが宣長学の本質的意義を文献学においてとらえた村岡は、一転して、「本質的意義は、同時に、そのままに、宣長学を概括する客観的概念とはしがたい」というのである。文献学としての規定は宣長学の全体を覆いうるものではないというのである。つまり宣長学には文献学的な規定を超え出てしまうところがあるというのである。それは宣長の〈古学〉が〈古道論〉をもっていわれるところにある。宣長は古事記によって〈古道〉をただ古えの道として明らかにするだけではない、それをわが皇国の正道として主唱するにいたるのである。「宣長学は、文献学たる埒外を出でて、単に古代人の意識を理解するに止らないで、その理解した所を、やがて、自己の学説、自己の主義として、唱導するに至つてゐる」と村岡はいう。宣長学は文献学を本質としながら、文献学を逸脱するのである。ここに容易に解答しがたい難問としての「宣長問題」が提示される。

「宣長問題」とは何か

村岡は、文献学としてあることで本質的意義をもつ宣長学（古えの道をそのままに明らめる学）が、文献学を超え出てイデオロギー的

な教説(わが古えの道の無比の正しさを説く教え)となることをどう考えるかという問題を提起した。村岡自身はこれを宣長の学問意識における「変態(Metamorphose)」と解した。その変態をもたらす理由を宣長の心理的な根拠に求めた。その心理的な根拠を村岡は,「即ち,国家思想,経験的不可知論的思想,及び更にそれらの根拠となれる,一種の敬虔的思想の三者の形成せる思想的関係である」といっている。村岡によるこの解答はともかくとして,ここに宣長理解にとっての難問が提起されていることはたしかである。

かつて加藤周一が「ハイデガー問題」との類比で「宣長問題」をいった。それはきわめて厳格な古事記の実証的な注釈者である宣長が極端な排外的な皇国主義者であるのはなぜかという問題として構成されていた。私はこの加藤の問題提起に介入して,これは宣長の問題というよりは問題提起する加藤自身の問題だといった。つまり,加藤自身が宣長をすぐれて実証主義的な,イデオロギー性抜きの古事記注釈者としておいて,その宣長が皇国主義者であるのはなぜかと問うているのである。これは宣長の古事記注釈をただ近代的な実証主義的テキスト解釈としてだけ評価することからくる問題である。近代主義的な宣長理解自体が「宣長問題」を作り出すのである。

宣長学の「変態」をいう村岡は,「宣長問題」の原初的な問題提起者であることを示しているようだ。そして村岡のこの問題も,宣長学の意義を文献学と定義することから来る問題であり,その意味で「宣長問題」とは「村岡問題」だということはできる。だが私は,村岡の問題提起を加藤周一らの俗論的な提起と同じレベルで考えたくはない。皇国主義をこそ宣長学の本質とする時代に,それを「変態」とする村岡の〈近代主義〉とは,この禁欲的学者を支える抵抗のエートスであったのである。

村岡典嗣（むらおか・つねつぐ　1884-1946年）

　日本思想史学者。新聞記者を経て，東北帝国大学文学部教授となり，日本思想史学科を開設。主な著作に，『日本思想史研究』（正，続，第3，第4，岩波書店）。没後，村岡典嗣著作刊行会編として『日本思想史研究』全5巻が創文社から刊行されている。また宣長をはじめ近世思想家の多くの基本テキストを校訂し，岩波文庫版として刊行した。

参考・関連文献
　前田勉「解説」（村岡典嗣『増補・本居宣長』第2巻，東洋文庫，平凡社，2006年）。
　前田勉「解説　日本思想史の生誕」（村岡典嗣『新編・日本思想史研究』東洋文庫，平凡社，2004年）。
　子安宣邦『「宣長問題」とは何か』（ちくま学芸文庫，2000年）

（子安　宣邦）

小林秀雄

『本居宣長』

新潮社, 1977 年（新潮文庫, 上下, 1992 年）

──徹底した内部からの読み──

なぜ宣長なのか

　本居宣長研究という思想史上の作品として本書を見れば，これは近代批評家小林秀雄の内在的批評の極地を示すものといえるだろう。小林は江藤淳との対談の中で,「方法はたった一つしかなかった。出来るだけ，この人間の内部に入り込み，入り込んだら外に出ないことなんだ。この学者の発想の中から，発想に添うて，その物の言い方を綿密に辿り直してみる事，それをやってみたのです」と述べている。それは本居宣長自身が紫式部の中に入り込むことによって『源氏物語』を読み，皇国の古人の心ばえに添って『古事記』を読んでいった方法と重なる。すくなくとも小林は自分自身の方法に宣長のそれを重ねながら，本書の仕事を「宣長の文章の訓古」であるというのである。

　おそらく宣長研究の中で，ここまで徹底した内部からの読みはかつてなかったし，これからも存在しないだろう。本書は宣長の仕事をなぞるように追体験していく小林の読みをさらに追体験するよう読者に迫る。読者はまるで二重の内部のラビリンスに入り込んだような印象を受けるだろう。これは普通の意味での宣長研究とは，ま

ったく異なるものなのである。それが何であるかは,「なぜ宣長なのか」という隠された問題を問うことによってしか見えてこないだろう。

ベルグソンから宣長へ

　本書の執筆に小林は11年という歳月をかけているが, 小林が生涯に渉って追い続けた対象が他に二人いる。ドストエフスキーとベルグソンである。しかしドストエフスキーの作品論も,『感想』と題されたベルグソン論もついに未完に終わっている。小林はベルグソン論を失敗であるといい, 自身の全集に入れることさえ禁じた。宣長論が書き始められるのはその直後である。注目したいのは, 作家の内部に入り込んで内側から制作の過程をなぞるように書いていくという方法は, ドストエフスキー論でもベルグソン論でも一貫して変わっていないということである。ドストエフスキーの伝記を掲載するにあたって, 小林はその動機を「作家が人間典型を想像するように, 僕もこの作家の像を手づから創り上げたくてたまらなくなったからだ。誰の像でもない自分の像を」と書いている。作家が現実の混沌の中に身をおいて自らを実験材料としなければならないように, 創造的批評の対象は, やはり「自分の身を実験してくれる人」でなければならない。そしてその人の内部に邪心なく飛び込むことができなければ, その創造の秘密はつかむことができない。「僕は今はじめて批評文に於いて, ものを創り出す喜びを感じている」と小林はいう。ここには『私小説論』で展開されたジイドの実験小説をめぐる他者を映し出す〈鏡としての自己〉の論理の展開がある。小林が繰り返す「邪心なく」という言葉は, 実証主義や弁証法, マルクス主義にいたるまであらゆる理論的立場を斥ける〈鏡と

しての自己〉の立場の宣言に他ならない。

　だが批評という形式が，つねにすでに語られたものについて語るものであるかぎり，それが単なるパラフレーズや解説に終わらないためには，その語りを紡ぎ出す作者の問題自体を内部から自分のものにしなくてはならない。この方法を支えるのは対象への「信」であり，「人間の変わらぬ本性」とそれを通じた「直観」である。

　ベルグソンにおいてこの方法が挫折を余儀なくされたのはなぜかという問題をここで論ずる余裕はないが，宣長論においてそれが成功したのは，宣長自身の古学の方法が何より小林自身の批評方法と重なっていると小林が信じたからに他ならない。本書は確かに「誰の像でもない自分の」宣長像を描き出すことに成功している。その意味で，これは小林のいう創造的批評としての私小説と呼ぶべきものであろう。

言語のゆく道

　小林は本書において宣長の思想の全体像を再構成しようとしているのではない。近代の宣長研究者たちが，緻密な考証家宣長とファナッティックな皇国主義者宣長の間に矛盾を見出すのは，近代実証主義という「今言」から「古言」を見ようとするからである。しかし「宣長自身にとって，自分の思想の一貫性は，自明の事だったに相違なかった」のであって，小林にとって「それを信ずることは，彼について書きたいという希いと」同じものなのであった。そして宣長もまた『源氏物語』を信じ，『古事記』を信じ，無私を得ようとする努力を通じて，その言葉の姿を自分のものにしたのだと小林はいう。古学という学問の性格を，小林は一貫してそのような内的直観を通じた「無私な全的共感」による再生であるととらえている。

伊藤仁斎や荻生徂徠にしても，今言と古言の相違を言うその研ぎすまされた歴史感覚は，近代の「歴史意識」や「歴史理論」とは全く異なる。たとえば宣長にとって歌の歴史とは，外部からその法則性をとらえられるものではなく，『新古今』の姿の直知によってとらえられる伝統の像なのだと小林はいう。そして「その歴史の行く道はそのまま言語の行く道である」。

　宣長は「源氏」によって開眼したのだと小林はいう。「物のあはれを知る」道とは，「事にふれて感く生きた心の働き」，その「無私で自足した基本的な経験を，損なわず保持していく」ことであり，紫式部という「無双の名手」は，それを「みるにもあかず，聞くにもあまる」言葉の姿のなかに表現したと宣長は考えた。この言葉はそのまま上田秋成との日の神論争について語る場面でも繰り返される。古事記の中の日神伝説は，そのまま「わが国の上つ代の人々の掛け替えなく個性的な「心ばえ」の姿と観じられていれば，それで充分と」宣長は考えていた。「それは，見るにも飽かぬ眺めであり，その中から，汲みつくせぬ意味が現れて来るのであった。そういう姿に仕上げてみせた力は，何処から来ているかという事になるなら，それは，物語として統一されたその魅力に他ならない」と小林はいう。だが，『古事記』をそのような物語として書いた作者とは誰なのか。それは「神代を語る無名の作者達」であり，歴史を載せて遷る言語そのものが持つ独自の力であるということになる。

「やまとことば」と「国語」

　宣長の内部に没入して，宣長の歩んだ道にそって進む小林は，宣長が『古事記』のテキストから「やまとことば」を読み出した地点に，「大いなる国語の力」を見出す。「上つ代の実」を伝える「やま

とことば」の形は,「誰が工夫し, 誰が作り上げた「形」でもない。人々に語り継がれて生きて行くうちに, 国語は, 自らの力で, そういう「形」を整えたのである」。もう一つ, 小林が宣長の歌論『石上私淑言(いそのかみささめごと)』について論じる箇所を引用しておこう。「私達は自国語の完全な組織を持っていた。自国の歴史というものが, しっかりと考えられる限り, これをどこまで遡ってみても, 国語の完成された伝統的秩序に組み込まれた人間達の生活しかみつかりはしない」。

　しかし宣長の読み出した「やまとことば」は, そのまま国語へとつながるものなのであろうか。小林自身がいうように,『古事記』の記述の中にあるのは,「漢文との衝突によって目覚まされ, 研がれた国語の「形」の意識の動き」であるとしても, それは始めから「やまとことば」として読めるものではなかった。漢字という文字によって記されたテキストから読み出すという作業がまず立ちはだかっている。現在でもその読みの正しさを確証する手だてはないのであるから, 宣長の読み出した「やまとことば」はそのまま古代の国語 (それが存在したとして) ではない。「やまとことば」があって, その姿から古人の心ばえが直観されるのではなく, むしろ古人の心ばえを熟知しないものに「やまとことば」は読み出せない。問題とすべきは宣長の「やまとことば」を読み出す作業そのものであっただろう。結局そこに見出されるのは「源氏」を「此の物語の外に歌道なし」と信じ,『古事記』を「上つ代の実」と信じた宣長の確信の深さである。そして宣長という対象への小林の信である。

「私」のゆくえ

　小林はこの宣長論に11年半の歳月をかけた。無私に徹して読み抜いた宣長像はまさに小林の「誰のものでもない, 自分の宣長像」

である。しかし同時に本書は,「私」という近代的自我の問題を追い続けた小林の全軌跡の集大成でもある。特に歴史と言語をめぐる考察の原型は,戦時下の評論の中に既に現れている。『ドストエフスキーの生活』の序文として付された「歴史について」は,「思い出すという心法のないところに歴史はない。それは,思い出すという心法が作り上げる像,想像裡に描き出す絵である」という言葉となって甦る。昭和14（1939）年の「読書について」には「他人を直かに知る事こそ,実は,ほんとうに自分を知る事に他ならぬ。人間は自分を知るのに,他人という鏡を持っているだけだ」という言葉がある。小林の方法と問題とは,すでにこの時点で生まれていたといってもよい。

　小林は最終章で,「死」についての宣長の考えを論じながら,「宣長が此処に見ていたのは,古人達が,実に長い間,繰り返して来た事,世に生きて行く意味を求め,これを,事物に即して,創り出し,言葉に出して来た,そういう真面目な,純粋な精神活動である」という。これが本書で繰り返し言われる「宣長の学問は道の学問である」という言葉の意味であろう。江藤淳との対談の中で,小林は,近代の学問はこの「形而上なるものに対する反感」から出発していたといい,それが大きな問題であることに早くから気づいていたという。本書の結語ともいうべき「彼の古学を貫いていたものは,徹底した一種の精神主義だったと言ってよかろう。むしろ言った方がいい。観念論とか,唯物論とかいう現代語が,全く宣長には無縁であった事を,現代の風潮のうちにあって,しっかりと理解することは,決してやさしい事ではないからだ」という言葉は,小林が生涯をかけた「私」の行方を示しているだろう。その意味でこれは小林の私小説なのである。

小林秀雄(こばやし・ひでお　1902-1983)

　文芸批評家。主な著作に,『様々なる意匠』『Xへの手紙』『ドストエフスキイの生活』『無常といふ事』『モオツァルト』『近代絵画』『考へるヒント』など。『小林秀雄全作品』全28巻別巻4（新潮社）がある。

参考・関連文献

　子安宣邦『本居宣長』（岩波現代文庫, 2001年）
　森本淳生『小林秀雄の論理　美と戦争』（人文書院, 2002年）

（宮川　康子）

E・H・ノーマン

『忘れられた思想家　安藤昌益のこと』

大窪愿二訳，岩波新書，上下，1950年

――反封建的思想家・昌益像の創出――

ノーマンによる再発見

　『忘れられた思想家　安藤昌益のこと』は，ノーマンの当時未公刊の原稿から大窪愿二によって翻訳され，岩波新書上下2冊として昭和25（1950）年に刊行された。敗戦後日本は英米的〈近代〉の再受容による戦後的啓蒙の時期を経過するが，ノーマンのこの書はその時期を代表するものであった。忘れられた思想家・安藤昌益（1703-1762）はノーマンの手によって再発見され，日本の戦後的〈近代〉の光りの中に「封建支配を完膚なきまでに攻撃した唯一の人」として登場するのである。稿本『自然真営道』の発見者である狩野亨吉による小論「安藤昌益」（1928）によって，わずかに一部のものに知られていた昌益は，いまノーマンの再発見によって日本思想史上に類を見ない反封建的思想家として広く人びとに認知されるにいたった存在となるのである。この昌益の再発見はノーマンという人物と分かつことはでない。

　エドガートン・ハーバード・ノーマンは在日カナダ人宣教師のダニエル・ノーマンの子として1909年に軽井沢で生まれた。彼はトロント大学を経，ケンブリッジ大学で歴史学を学び，その後ハーバ

ード大学に入学し，ライシャワーのもとで日本史を研究した。その時期に都留重人と親交を結ぶ。1940年に東京のカナダ公使館に語学官として赴任し，公務の傍ら東大の明治新聞雑誌文庫を頻繁に訪れて近代日本史の研究を進め，羽仁五郎に師事して明治維新史を学ぶ。丸山眞男らとの親交も深める。ノーマンが日本の講座派マルクス主義者・批判的近代主義者の歴史観を彼らと共有しているのは，この時期の研究上の交流によるのであろう。1941年の開戦とともに抑留され，翌年交換船で帰国する。戦後，アメリカの要請でカナダ外務省から東京のGHQに出向する。占領下日本の民主化に携わるとともに，日本近代史の研究，安藤昌益の再評価につとめる。当時ノーマンは日本の戦後啓蒙をになった批判的知識人たち，渡辺一夫・中野好夫・桑原武夫・加藤周一らと親密に交流した。もちろん戦前からの日本近代史家との研究上の交際はいっそう緊密であった。1946年8月にノーマンは駐日カナダ代表部主席に就任し，さらに51年にサンフランシスコ講和会議におけるカナダ代表主席随員を務めた後，カナダ外務省本省に戻る。だがノーマンはマッカーシズムの吹き荒れる中で共産主義者であるとの嫌疑をかけられた。そして1956年，当時駐エジプト大使であったノーマンに再びその嫌疑がかけられる。翌57年4月4日，ノーマンはカイロで身を投じて自殺した。

　カイロで悲劇的な最後を遂げたノーマンのキャリアーを詳しく追ったが，安藤昌益の戦後的再評価はこのノーマンを考えることなしにはないからである。

昌益はいかに再発見されたか
　昌益は戦後日本でノーマンによって再発見され，再評価された。

ではどのように再発見されたのか。ノーマンが面白いことをいっている。「およそある人を好きになることができるのは、その人が作る敵のいかんによる、という言葉があるが、同じように、昌益が嫌った相手を見て昌益の政治思想を何ほどか推測することができよう」(第4章「封建制の批判」)と。ただこの文章の前段と後段にはズレがある。それは翻訳のせいか、原文がもともとズレなのかは分からない。前段の言葉が教えるのは、昌益が作る敵によって、彼の政治思想を知り、ノーマンは昌益に惚れ込んだということである。昌益が敵としたのは誰か。「昌益は何よりも学問上の不正直と作為を憎んだ人であった。昌益の一斉攻撃の的は道徳や宗教の名において社会を欺きついには自らを欺く学者、僧侶のやからであった」とノーマンはいう。そこから彼は、「かれの現存の著作を一貫する命題は、これを封建社会の批判と呼んでよかろうと思う」というのである。

　社会を欺き、自らを欺く学者・僧侶の存在がなぜ封建社会の産物なのか。封建社会批判が昌益の一貫した主題だとするノーマンの言い方には飛躍がある。ともあれノーマンは封建社会を敵とし、憎む人として昌益を見出し、その昌益に惚れ込んだのである。封建社会の批判とは日本近代史の研究者ノーマンの主題でもあった。昌益は徳川封建社会の根底的批判者としてノーマンによって見出されたのである。

憎むべき悪夢としての徳川社会

　「昌益のように鋭敏で同時に情熱的な気質にとって、徳川中期のような時代はまことに憎むべくまた失望やるかたない悪夢であった」(第3章「昌益の時代」)とノーマンはいっている。昌益が敵と

するものを共にするノーマンにとっても徳川封建社会とは悪夢のごときものであったであろう。だが歴史家ノーマンは自戒する。日本封建制を「人民」対「専制権力」といった単純な公式で割り切ってはならないと。しかしその自戒は，日本封建制の根底的な批判者として昌益を発見した己れの歴史観に及ぶものではもとよりない。彼は昌益とともに敵対した「悪夢」としての徳川封建社会を批判的，否定的に，だが多面的に，豊富な引証をもって再構成し，記述していくことになるのだ。第3章「昌益の時代」とはノーマンによって批判的に記述された徳川封建社会史である。『忘れられた思想家』は，ノーマンの戦前からの盟友である丸山眞男の『日本政治思想史研究』とともに，戦後啓蒙派のすぐれた知性による徳川封建社会史の批判的記述を代表するものである。

　ノーマンは昌益の敵である徳川封建社会を再構成的に記述するとともに，昌益をこの社会の根底的な批判者として読み取っていった。「昌益は封建社会を，それを支える因習や教学ばかりでなく，その社会の，吉原の産物ともいうべき，縁飾りに鍍金を施した者をも痛烈に弾劾した。昌益は当時の社会と思想とを徹底的に否定し，町人文化であろうと武士文化であろうと容赦しなかった」と。ノーマンは昌益の記すすべての文章から封建社会の容赦ない徹底的な批判を読んでいったのである。いま一つの例によってそれを見よう。

　「昌益は明治以前の日本の思想家のなかで，封建支配を完膚なきまでに攻撃した唯一の人である。すぐ次に引用する一節に，昌益は紛う方ない明晰な言葉でその観察を語っている」として，ノーマンは昌益の『統道真伝』から次の一節を引いている（第4章「封建制の批判」）。

　「聖人出でて王と為りて上に立ち，上を以て大と為し，衆人を以

て小と為す。之より大小の序立ちて王は大にして侯は小なり。侯は大にして士は小なり。士は大にして民は小なり。主は大にして従は小と分立して，大は主として小の行業を食む。……一般に一直耕して大小上下凡て二品無きは自然なり。然して聖人出でて大王となりて以来，大小の序出でて，大は小を食み，序を以て禽獣虫魚に同じ。是れ聖人人倫の世を以て禽獣の世と為すなり。今の世全て是れなり。故に全て人に非ず。縦に生きて横に行う聖人の罪なり。」

だが昌益のこの言葉はいかなる意味で封建社会の批判であるのか。

昌益をいかに読むのか

昌益の『統道真伝』（巻一，人倫出大小失論）からノーマンが引くこの文章は，はたして封建支配を完膚なきまでに攻撃する文章であるのだろうか。昌益はここで聖人の制作になる法制度を備える人間世界（法世）は，上下・大小・貧富の〈二別〉的な序列的世界として成立すること，そしてそれは自（ひと）り然（す）る一真の営みで活動（直耕）的な自然世からの聖人の掠奪によって作為された人間世界（法世）であることをいっている。昌益はこれを眼前の〈二別〉的差別世界への怒りから発想し，それを言葉にしていることは確かである。だがその怒りがわれわれの世界の原初的根底に自（ひと）り然（す）る〈一直耕〉的世界をとらえ，その世界の一元的な言語をもって〈二別〉的法世の批判が書かれていくとき，その批判は眼前の社会をこえた人間の文明的世界への批判として根元化されていく。昌益の〈自然真営道〉という根元的な言辞は本質的に過剰なのだ。

たしかに昌益は眼前の封建社会の批判者である。だがその言辞は眼前の社会批判をこえてはるかに根元的である。だからノーマンの昌益からの引用は，その引用された昌益の言葉自体が引用者の意図

を裏切るものとなっている。ノーマンは朱子学を封建体制下の正統的教学とし，昌益の儒教攻撃・孔子批判は朱子の新儒教に向けられたものとして読むべきことをいう。だがノーマンの引く昌益の儒教批判からそれを読むには，昌益のテキストを誤読して読むしかない。いまノーマンが本書で引く昌益の言によって〈封建支配の完膚なき批判者〉を読もうとするならば，その過剰な根元的な言辞によって昌益の思想像の再考を促されるか，引用者の誤読を思わざるをえないだろう。

　ノーマンは日本の戦後世界に封建社会の根底的な批判者としての昌益を読み出したのである。それは日本の戦後的〈近代〉が必要とした昌益であるかもしれない。だがその後の研究者の努力によって昌益の生涯も徐々に明らかにされ，昌益の過剰で根元的なテキストもまたわれわれの読み直しを待つように注解され，整えられている。

E・H・ノーマン（Edgerton Herbert Norman, 1909-1957）
　カナダの外交官，日本史研究者。主な著作に，『日本における近代国家の成立』『クリオの顔　歴史随想集』『日本占領の記録 1946-48』など。『ハーバート・ノーマン全集』全4巻（岩波書店）がある。

参考・関連文献
　野口武彦解説・訳『安藤昌益』（日本の名著 19, 中央公論社, 1971 年）
　尾藤正英校注・解説『安藤昌益・佐藤信淵』（日本思想大系 45, 岩波書店, 1977 年）
　安永寿延解説・訳・評釈『稿本・自然真営道』（東洋文庫, 平凡社, 1981 年）
　安永寿延『安藤昌益』（平凡社, 1976 年）

（子安　宣邦）

テツオ・ナジタ

『懐徳堂　18 世紀日本の「徳」の諸相』
Visions of Virtue in Tokugawa Japan: the Kaitokudo Merchant Academy of Osaka, 1987

子安宣邦監訳，岩波書店，1992 年

――近代的知の先取――

忘れられた学校

　日本思想史における外国人研究者のすぐれた研究として，まず思い浮かぶのはE・H・ノーマンの『忘れられた思想家』であろう。この古典的名著のひそみにならっていうなら，テツオ・ナジタ氏の『懐徳堂』は，「忘れられた学校」とそこに生まれた思想家たちの知の諸相を明らかにするものだといえるだろう。両者に共通するのは，日本人によって忘れられた，あるいは隠蔽された歴史を，新たな方法的視角から発見したということである。

　日本語を母語としない外国の研究者にとって，江戸時代の思想を読み解くことはもちろん容易なことではない。しかし語学力だけでは真の読みにはならないというのも事実である。何に向かって読むのかという問題意識と，どのように読むのかという方法論が重要なのである。そのような観点からみると，日本人研究者は往々にして過去の研究の蓄積によって作り上げられた方法と，そこから導かれる歴史的なナラティブにとらえられがちである。大坂に生まれた町人学問所懐徳堂に対する評価が低く，本格的な研究がなされないままであったのも，その典型的な例であろう。大正時代に東洋学者・

内藤湖南らによる天才町人学者富永仲基（1715-1746）や山片蟠桃
(1748-1821)の大々的な顕彰があり、そこから重建懐徳堂の設立が
なされたにもかかわらず、戦後の思想史では、仲基や蟠桃が評価さ
れることはあっても、彼らを生み出した懐徳堂という知的空間の意
味が改めて問われることはなかった。その原因の一つは町人思想そ
のものが算盤合理主義として商人たちの経済活動の副産物にすぎな
いと見なされるか、または新興ブルジョワジーの階級的イデオロギ
ーに還元されるかしかなかったということにある。さらには思想史
の方法そのものが、いわゆる大思想家の内在的な読解や、点と線を
つなぐような系譜的研究からなかなか抜け出せなかったということ
もあろう。戦後の思想史に大きな影響を及ぼした丸山眞男の『日本
政治思想史』においても、安藤昌益が大きく取り上げられているの
に対して、懐徳堂の反徂徠思想は、まったく「見るべきものをもた
ない」として切り捨てられている。

　そのような状況のなかで、ナジタ氏の本書は、「懐徳堂」の存在
の意味を改めて我々に示すと同時に、我々自身の忘却の意味をも問
いかけるものとして登場したのである。

自然本体論と歴史主義

　ナジタ氏はまず江戸時代初期からの商人たちの「イデオロギー的
営み」の変遷を追いながら、享保期には、「歴史的変化の冷静な認
識が指導的商人の間で着実に広ま」り、「商人を現存秩序に組み入
れるために、新しい道徳的命題が必要とされた」という。そのため
の二つの哲学的源泉となったのが、一つは伊藤仁斎の古義学、そし
てもう一つが貝原益軒（1630-1714）と西川如見（1648-1724）の思想
である。仁斎の歴史主義的立場は、徂徠学や国学のように復古的な

方向を目指すものではなく，朱子学の観念性を解体して現実における人倫社会の実現を目指すものであった。そして益軒や如見は朱子学的天理の概念を，自然の道理に，そしてすべての人間に付与された普遍的な認識能力へと読み替えることによって実践的学問を目指した。それをナジタ氏は自然本体論と名づける。この二つの立場が懐徳堂という教育の場で複雑に絡み合いながら発展し，やがて山片蟠桃の『夢の代』において集大成される。このナジタ氏の描く構図は，18世紀日本の思想史に新たな視野を開くものといえるだろう。

明治から大正にかけての懐徳堂の顕彰は，おもに富永仲基と山片蟠桃を天才として称賛することであった。仲基はわずか32歳で世を去ったが，徹底した歴史主義に基づく「三物五類の説」（言語の歴史的，空間的変化の法則）と「加上の説」（論争的原理から様々な教説の歴史的展開を明らかにする法則）という学問方法論を用いて，儒教や仏教の歴史的展開を論じた。それが近代日本の科学的学問を模索する時代に再発見され，「150年早く生まれ過ぎた天才」と称揚されたのはある意味で当然であったかもしれない。そして蟠桃の『夢の代』も，天文，地理，歴史，経済，制度など近代的知の枠組みを先取りするような構成を持つ偉業であるにもかかわらず長く忘却されていた。蟠桃もまた同時代には理解されず，近代によってはじめて再発見された天才として遇されたのである。懐徳堂の初めと終わりになぜ近代的知を先取りする大天才が現れたのか，そのこと自体は問われることがなかった。

しかしナジタ氏は自然本体論と歴史主義の交錯する場としての懐徳堂に注目し，その内部での知的発展の様相を丹念に跡づける。富永仲基の歴史主義は，同時代の思想的文脈において，懐徳堂を担った五井蘭洲（1697-1762）の思想と対置され，仲基がなぜ懐徳堂を出

なければならなかったかを分析することによって懐徳堂の知的境界が示される。五井蘭洲は明治期に書かれた西村天囚の『懐徳堂考』の中で，懐徳堂の学問的基礎を築いた学者として高く評価されているにもかかわらず，その思想の本格的な研究は今に至るまで現れていない。初代学主となった三宅石庵（1665-1730）についても同様である。ナジタ氏は『懐徳堂考』に拠りながら，原典を丁寧に読み解き，懐徳堂という教育の場を作り上げたもう一方の自然本体論の諸相を追っていく。

　懐徳堂の最盛期を作り上げたのは，中井竹山（1730-1804）・履軒（1732-1817）の兄弟であるが，彼らの評価もいまだ十分に進んでいるとはいいがたい。特に履軒の学問的業績は，まさに蟠桃の『夢の代』を準備したというべき偉大な達成であるにもかかわらず，あまり知られていない。仲基と蟠桃という二人の天才の間をつなぐのは懐徳堂の歴史を支えた彼らの力であった。彼らは懐徳堂で生まれた純粋なエリートであるが，しかし大坂の町人学問所の代表として，商人たちの立場から新たな世界観，人間観を提示し，人間としての徳を追求していった。四代目学主となった竹山は，幕府権力と交渉を重ねながら，懐徳堂という学問の場を公的学校として認めさせることに生涯をかけた。そして履軒は幕藩体制の矛盾とそれへの批判を抱きながら理想の王国を夢見た。自然本体論と歴史主義がどのように展開して，朱子学的用語／概念の意味を変化させ，新しい思想を受容する母体となっていったのか。また商人という立場がどのようにそこに働いているのか。ナジタ氏の分析はそこに注がれている。

　蟠桃の『夢の代』は，そのような懐徳堂の思想の集大成である。豪商升屋を支えた天才商人が行き着いたのは，商人倫理という限定された道徳ではなく，また儒・仏・神という並列される学問領域の

一つでもなく，最新の宇宙論に立脚した普遍的な知の世界であった。履軒や蟠桃の天文学は，地動説や，最新の太陽系の知識に基づいていた。そこでは「理」は自然界に働く法則そのものであり，陰陽二気の働きは，万物を生み出す太陽のエネルギーとして理解される。そして人間の作り出す社会とその道徳的規範は，人道として天道から切り離される。物における「理」と人間の「性」とは同じではない。自然から与えられた理性を働かせてよりよく生きることは人間における責任なのである。

　懐徳堂の思想的達成のもう一つは徹底的な無鬼論（無神論）を主張したことである。それは人間が作る社会，人間が作る歴史から神的／超越的力を排除することを意味する。無鬼論は朱子学的天理に基づく合「理」性から，人間理性による合理性への展開の宣言でもあった。

忘却の意味

　ナジタ氏の本書を読んで，我々が考えなければならない大切なことは，18世紀大坂に生まれたこのような近代的知の基盤が，なぜ近代日本に継承されなかったのかということであろう。仲基や蟠桃だけを天才として括り出し，懐徳堂の思想的営為を忘却させたものは何なのか。それを考えることは改めて近代日本の始まりを検証する作業に繋がるだろう。

　懐徳堂の思想に封建制における限界を見たり，それを近世のあだ花的存在だと言ったりするのは，忘却の結果からの遡行的説明に過ぎない。むしろ懐徳堂の思想が暗黙のうちに秘めていた幕藩体制を根底から覆すような革新的力が，明治の国民国家建設の理念にとっても忌避される何者かを含んでいたということではないのか。おそ

らくそれは昭和の戦争の時代にとっても隠蔽されるべき歴史だったのだろう。

　貨幣経済の浸透による社会的変動によって生み出された商人思想がいかにして認識の枠組みを変えていったのか、そこからどのような世界観・人間観が生まれてきたのか。懐徳堂の思想を18世紀日本の思想の中で再検討することは、貨幣経済があらたな段階を迎え、グローバリズムが急速に進展していく中で、大きな意味をもつだろう。我々はどのような未来を思い描くのか。新しい世界の中で人間の道の普遍性がどこに求められるのかを改めて問い直さなければならないだろう。

テツオ・ナジタ（Tetsuo Najita, 1936年- ）
　ハワイ出身の日系二世。日本思想史家、シカゴ大学名誉教授。主な著作に、『原敬』『明治維新の遺産』『Doing 思想史』など。

参考・関連文献
　宮川康子『自由学問都市大坂』（講談社メチエ、2002年）

（宮川　康子）

伊東多三郎

『草莽の国学』

初版，羽田書店，1945年/再版，真砂書房，1966年/増訂版，名著出版，1972年

―― 国民文化形成の草莽的な基層 ――

昭和20年1月刊

　伊東多三郎の『草莽の国学』が刊行されたのは昭和20（1945）年1月である。この昭和20年1月とはどういう時期であったか。伊東はいっている。「当時，日本は敗戦必至の危機に陥り，大空襲に怯える東京は混乱して，市民は食糧難と疎開騒ぎに右往左往するのみであった」（再版の「序」）。伊東は書店から漸く製本ができたという，表紙に題名も著者名も刷られていない粗末な本を1冊受け取っただけであったという。伊東の〈草莽の国学〉をめぐるもう1冊の本，すなわち柏崎に蹶起して果てた国学者生田万（1801-1837）をめぐる『国学者の道』もまたその1年前，昭和19年1月に刊行された。これもまた保存に堪えないような粗末な本であったという。

　私がこれらの書の出版の時期をいうのは，伊東による草莽の国学と国学者たちについての追跡が，どのような時代になされていったのかをいうためである。彼はやはり再版の「序」でいっている。「昭和15，6年以来烈しい危機意識と窮迫した国民生活の中に，食糧を携え，旅費を工面して度々調査旅行をし，文献史料を研究し或は聞書を取った」ことの成果がこれらの書であると。太平洋戦争の

開戦をはさんだ昭和15,6年という時期に伊東は草莽の国学者の事蹟をたずねて調査旅行をくりかえしているのである。まさしく日本の危機というべきこの時期に、あの草深い村里・山里の国学者たちの追跡に伊東を向かわしめたものを考えてみなければならない。

　伊東が深い思いをもって追跡調査し、それを文章にし、そして刊行したとき、この労作を受け取る条件をすでに敗色濃い日本の社会は失っていた。『草莽の国学』ははたして何部が、どうのように刊行されたのかもはっきりしないと伊東はいう。ただ著者の手許に粗末な出来の1冊があっただけであった。この書が求められたのは戦後になってである。研究者たちは著者の手許にあったこの1冊を争って借り出していったのである。いつしかその1冊も著者の手許から消えてしまったという。私は1960年代の始めに国学研究を志した。やがて宣長が研究の中心課題になっていったが、当初、私の関心は草莽の国学にあった。それは日米安保改訂をめぐる60年の状況の中で島崎藤村の『夜明け前』を読んだことから来るものであった。私は伊東の国学関係の著書を求めていった。『国学の史的考察』と『近世国体思想史論』とは古書店でやっと見出した。だが一番読みたい『草莽の国学』も『国学者の道』も見ることさえできない幻の書であった。私が『草莽の国学』をやっと見ることができたのは、1966年の復刻再版本（真砂書房）によってである。

　『草莽の国学』が世に現れたとき、この書を、そしてこの書にこめた著者のメッセージをも日本の社会は受け取る条件をすでに失っていた。これをあらためて受け取ったのは戦後の日本社会であった。それはこの書が負った運命であるとともに、この書に込めた著者のメッセージは戦後社会でもう一度見直される意義をもったものであったことをも意味する。

「草莽の国学」とは何か

伊東は『草莽の国学』の同名の序章で,「草莽の国学とは,庶民の国学の意味である。庶民生活に弘まった国学,之である」といっている。ここで「庶民」というのは,封建時代,武士との間を厳しく身分的に差別されていた庶民である。江戸後期,19世紀の幕末といわれる時代,この庶民の間に国学が広まっていった。この時代に国学を求め,支持していった庶民とは,江戸などの都市の町人ではなく,むしろ地方の郷村社会の庶民であった。それは町人に対して農民というべき人びとであるが,正確には郷村社会の指導層,すなわち名主・庄屋・地主や豪農たち,あるいは宿駅の問屋や本陣などに神職を含む人びとである。彼らを通して国学は郷村社会に浸透していったのである。これを「草莽の国学」というのである。ではこの草莽の国学とはいかなる国学であるのか。それは平田篤胤(1776-1843)の国学である。もちろん江戸後期社会に支持者をもった国学は篤胤のものだけではない。本居宣長の国学は畿内に多くの支持者をもち,古典世界への文芸的関心をもつ教養層に大きな影響力をもっていた。だが19世紀の郷村社会に多くの支持者をえながら広まっていったのは平田国学であった。

伊東は篤胤の生前・没後の気吹舎門人数の推移を詳しく追跡している。生前の文化13(1816)年に85名の大量の入門者があり,その中の44名は下総の香取・海上両郡の農村の人びとであったという。篤胤は天保14(1843)年に亡くなるが,この時までの門人総数は550名であった。気吹舎を継いだ平田鉄胤(1799-1880)は篤胤死後の入門者を己れの門人とはせずにすべて篤胤の没後の門人として扱った。没後の入門者は嘉永3(1850)年に俄に増加し,62名が入門した。やがて幕末の情勢が切迫するとともに平田門の入門者数は

急激に上昇する。毎年100名を越す入門者があり，慶応元年には146名，同2年には158名，同3年には243名が入門するという有様であった。平田門への入門者数は明治元年をピークにして以後下り坂に向かうが，明治5年にいたる篤胤没後の入門者の総数は，3733名に達するとされる。幕末の時期に毎年百を越える数をもって入門してきた人びとが構成する気吹舎学派は，基本的に郷村社会を地盤にするものであった。草莽の国学とは基本的に平田篤胤の国学だということができるのである。

庶民の国民的自覚

　草莽の国学者たちの事績を尋ねる伊東の旅は下総から始められる。下総を気吹舎学派の有力な地盤にしたのは宮負定雄(みやおいやすお)（1797-1858）であった。下総国香取郡松沢村の名主であり篤胤の門人でもあった宮負定賢の後を継いだ宮負定雄は，農事の改良を説きながら，村落の自力的更生を進めていった。彼は宮崎安貞（1623-1697）の『農業全書』などを学び，作物の栽培法を実験し，篤胤の産霊の原理にもよりながら『農業要集』や『草木撰種録』を著した。この『草木撰種録』の出版だけでなく，頒布をも引き受けたのは平田家である。印刷されたこの書は諸国の門人たちに送付された。この書は各地で大いに喜ばれ，越後の門人上杉篤興などは一時に500部も注文したという。自分の著書を平田門を通じて頒布した宮負定雄は下総における篤胤学の強力な支持者として，気吹舎の門人を拡大し，篤胤の著書の出版を支援するのである。伊東の記す「下総の芋堀名主」の一章は幕末の平田国学をめぐる多くのことを教えている。幕藩体制の行き詰まりとともに荒廃する農村の地力更生を進める郷村社会の指導層と，平田篤胤とその国学は強い結びつきをもっていたことであ

る。同時に篤胤の国学は郷村社会の指導層の要望に応えるものをもっていたことである。

　本居宣長がしたことは『古事記』における日本の神々とその伝承を既成神道家の秘伝の世界から解き放って，人びとの手にもたらすことであった。産霊の神も，伊邪那岐・伊邪那美の男女神も，天照大御神も宣長によってはじめて日本人のだれにも知られ，拝しうる神となったのである。『古事記伝』という宣長の注釈とは，日本の神とそのテキストとを人びとの手にもたらすことであった。ポスト宣長的な国学者である篤胤は，宣長によって人びとの眼前にもたらされた神々をあらためて意味づけていこうとする。産霊の神は農民たちの生活にとってどのような意味をもつのかを説こうとするのである。古典の注釈学的性格をもった国学は，篤胤において人びとの思想的な要求に応えた世界観を表現する国学へと変わっていく。さらに篤胤国学は人びとの救済の要求にも応えようとする。死後における救済は，現世で苦しむ人びとの切実な要求である。篤胤国学はこのようにして幕末の郷村社会に迎えられるのである。

　伊東が諸方に尋ねる草莽の国学者は，平田派だけではない。宣長の鈴屋門に連なる国学者もいれば，橘守部（1781-1849）の門人もいる。だが幕末の危機という時代状況に〈御民われ〉の自覚をもって身を投じていったのは平田派の国学者たちであった。越後の蒲原に，あるいは伊那谷・木曽谷に伊東はそうした国学者の足跡を求めていく。伊東は伊那の国学徒によって起こされた国学の四大人を祭神とする本学霊社の設立運動について記している。維新前後における信濃の平田派門人数は激増する。ことに伊那地方おける門人の増加は著しかった。伊那国学と呼ぶべき時代的自覚者の運動が伊那谷に展開されていった。その結晶というべきものが，下伊那の山吹村条

山の山頂に設立された本学霊社である。慶応3（1867）年3月24日，本学霊社遷宮の式典が催された。その式典の後の宴に連なる伊那国学徒の胸中を思いながら伊東はこう書いている。「各自喜びを述べ，望みを語り合った時，庶民の身分ながら，一種不可思議の力が湧き上るを覚えたことであろう。それは士農工商の身分を越えた国民としての自覚，天地に貫通する皇国の道の体得に基づく自信より生まれたものであったに違いない」。

国民文化の創造

伊東が草莽の国学者たちの足跡を追いながら，彼らにおける国民的な自覚の成立を確認していったのは，太平洋戦争の開戦を迎えようとする時期であった。そして『草莽の国学』としての刊行は，終戦を間近にした時期であった。この書が実際に読まれていったのは戦後にいたってである。伊東の『草莽の国学』とは，あたかも戦後世界に向けて書かれたかのようである。増訂版『草莽の国学』は，戦時下の某学会における「国民文化創造の歴史的根拠」と題された講演の文章を載せている。伊東はそこで，「私は今，国民文化創造の歴史的根拠を論ずる場合，この父祖の生活，ひいては庶民の歴史に深く思いを及ぼし，ここに脈々として尽きず流れる庶民的生命感を自覚し，強靱な根差しを持つ草莽の精神を体認せざるを得ぬ心境を持つのであります」とのべている。

ここには戦時下，伊東に草莽の国学者を追跡せしめた理由と，そして『草莽の国学』という伊東のメッセージが戦後日本にあらためて意味をもちえた理由とがのべられている。この書があらためて迎えられた60年とは，草の根の民主主義という真の国家的自立の基礎が問われた戦後日本の転換期であった。

伊東多三郎（いとう・たさぶろう　1909-1984）

　日本近世史，東京大学名誉教授。主な著作に，『国体観念の史的研究』『日本封建制度史』『幕藩体制』『近世史の研究』など。

参考・関連文献

　芳賀登『幕末国学の展開』（塙書房，1963 年）

　子安宣邦『平田篤胤の世界』（ぺりかん社，2001 年）

（子安　宣邦）

第5部

近代／現代

大川周明

『日本精神研究』

文録社, 1927年／明治書房, 1939年

——日本的革新者のエートス——

遍歴する精神

　大川周明は『日本精神研究』の「はしがき」でこの書の成立理由を語っている。外的には時代の中にその成立理由をもっている。「精神復興は, 震災このかた随処に唱へらるる題目である。……真個に精神を復興せんとすれば, 当に復興せらるべき精神其者を徹底明瞭に把持せねばならぬ。予は予の自證する処によつて信ずる, 精神復興とは, 日本精神の復興であり, 而して日本精神の復興の為には, 先づ日本精神の本質を, 堅確に把持せねばならぬと」。関東大震災（大正12, 1923）の打撃から立ち直ろうとする日本が要請する「精神の復興」の声に, 大川は「日本精神の復興」をもって応えようとしたというのである。これは大川のこの書とともに「日本精神」という語の成立を考えようとするものにとって大事な時代状況の指摘である。震災後の復興期の日本, 大正から昭和へと移ろうとする近代日本が「日本精神の復興」を要請しているのである。さらに『日本精神研究』の成立には, 大川の内的な理由がある。

　「精神多年の遍歴の後, 予は再び吾が魂の故郷に復り, 日本精神其者のうちに, 初めて予の求めて得ざりし荘厳なるものあるを見

た」。大川は『日本精神研究』の「はしがき」をこの言葉をもって書き始めている。「日本精神の復興」をいう大川には、「精神の遍歴」の体験がふまえられているのである。「予の魂は、或時はまた希臘(ギリシヤ)の古へに旅して、プラトンと共に住んだ」と大川はいう。遍歴する精神とは魂である。その魂はまた美しいイタリヤを訪い、ダンテとダヴィンチにひきつけられる。さらにオランダに行き、スピノザを訪う。また近代ドイツを遍歴して、ヘーゲルとフィヒテに深い感激を覚えるのである。この遍歴する精神（魂）の所有者とは、明治末年の日本の大学で西洋の学術を身につけた学徒である。大川は和辻哲郎・九鬼周造らと東京帝大哲学科の同時期の学生である。ヨーロッパを遍歴する若き大川の精神のあり方はこの時期の学徒に共通するものであった。この時期の学徒だけではない、西洋に学ぶ近代日本の学徒に共通するものというべきだろう。己れの魂の本来の在処を自覚するまでに、大川の、あるいは近代日本の学徒の魂はギリシャからヨーロッパの地を遍歴するのである。やがて「日本精神の復興」をいうその人の精神もまたヨーロッパを遍歴する前史をもつのであった。

「日本精神」の復興

　東京帝大で哲学を学んだ大川が和辻や九鬼とやや異なるとすれば、彼が印度哲学を専攻したところにある。彼は、「仮令(たとえ)劣機にてもあれ、自己の本然を付尽すは、巧に他の本然に倣ふに優る。自己の本然に死するは善い、他の本然に倣ふは恐るべくある」という印度古典の教える原則を心に刻んでいた。大川の眼が内から外に向けられるに及んで、彼は「此の原則が個人の上のみならず、実に国民の上にも同様に適用せられねばならぬことを切実に感じた」のである。

「予をして多年の精神的遍歴より，再び魂の故郷に帰来せしめたるものは，他なし此の自覚である」と大川はいう。遍歴する魂は自己本然の故地へと回帰する。大川のこの回帰は，同時に彼を国民に向けての民族本然の故地への回帰の説法者にしていくのである。大震災からの日本の復興が叫ばれる，その時である。この時，真に復興されねばならないのは「日本精神」だと大川はいうのである。

　「日本精神」とは何か。大川がその復興を叫ぶ以前に「日本精神」とはあったのか。恐らく，それはない。「日本精神」の復興が叫ばれるとともに，「日本精神」はあるのである。大川は復興という。それは潰滅したものの再興をいうのだろうか。そうではない。復興とは自己本然への復帰である。日本人の復帰すべき自己本然がいま「日本精神」といわれるのである。だから大川の復興の声とともに「日本精神」は成立するのである。

　文部省思想局によって編集印刷された思想調査資料『日本精神論の調査』（昭和10年11月）という冊子がある。表紙に□内に秘の字が印刷されている。「本調査は日本精神の至醇なる発揚に資せんがために，主として昭和の初より今日に至るまでの間に顕れた日本精神論の内容を調査することを目的としたものである」とその「凡例」でいわれている。「日本精神」という語が標語として国民の間に急速に伝播するに至ったのは，大体昭和6（1931）年秋の満州事変以後のことだと，その「序」にいっている。では「日本精神」という語そのものはいつ，だれによっていい始められたのか。それを知ることは不可能であるが，しかし多少なりとも社会的影響力をもちうる刊行物の名としてその語が用いられるに至ったのは大正12,3年以前ではないと「序」の筆者はいい，刊行物の題名上に「日本精神」の語をもったものは，大川周明の社会教育研究所における講

義録『日本精神研究第一，横井小楠の思想及信仰』(社会教育研究所，大正13年1月) が最初であろうといっている。この講義録『日本精神研究』は第九まで順次刊行され，後に一冊にまとめられ『日本精神研究』として文録社から昭和2年5月に刊行された。

まさしく「日本精神」の復興の声とともに「日本精神」もまた成立するのである。そのことを文部省思想局の調査資料もまた証明している。

『日本精神研究』とは

文部省思想局の調査資料は「日本精神」の語の成立とともに大川の著書『日本精神研究』の成立をも説明してくれている。社会教育研究所における大川の九回の講義の記録は，『日本精神研究』の題名をもった書にまとめられ，昭和初頭の日本社会に向けて刊行されたのである。その内容は講義の順序に従い，「横井小楠の思想及信仰」(第一)，「佐藤信淵の理想国家」(第二)，「平民の教師石田梅巌」(第三)「純情の人平野二郎国臣」(第四)，「剣の人宮本武蔵」(第五)，「近代日本の創設者織田信長」(第六)，「上杉鷹山の政道」(第七)，「戦へる僧上杉謙信」(第八)，「頼朝の事業及人格」(第九)の九章からなるものである。この目次を見るならば人は，超国家主義者大川周明の著者名によってこの書を直ちに日本精神主義の煽動書とみなすことに躊躇いを感じるだろう。横井小楠 (1809-1869)・石田梅巌 (1685-1744)・織田信長・上杉鷹山 (1751-1822) などの名と「日本精神」という言葉とはそう容易に結びつくものではない。これらの名は敗戦後日本の改革的再出発にあたっても回想された名であったのではないか。たしかにそうだ，震災後日本の復興期に大川がこれらの名を歴史から呼び起こすのは，高い国家改造的な見識

と激しい社会改革的な情熱とを彼らに見ているからである。横井小楠に道義的国家確立への信念の人を見る大川は，佐藤信淵（1769-1850）に「純乎として純なる日本的国家改造」の主張者を見るのである。そして石田梅巌に大川は真の社会教育的実践者を見出すのである。

「国家の運命は常に国民の一人に宿る精神に在る。曇りなき良心，独立せる判断，澆瀬たる気慨が，津々浦々の茅屋にも漲り渡り，健啖し善眠し勤勉する国民が，都鄙に普くならざる限り，国運の発展は望むことが出来ぬ。斯民のために身を献じて指導教化の重責に当らんほどの者は，実に民と国とを兼ね救ふものである。心学の開祖石田梅巌は，実に斯くの如き偉人の随一である。」

ここに見るのは，石田梅巌と一体化した「民と国とを兼ね救」おうとするものの言葉である。『日本精神研究』とは，震災以後を昭和初期として概括すれば，その時期に日本の革新を意図する大川が歴史の上に見出した彼にこだまする革新者・実践者・戦闘者のエートスを記したものである。大川はそのエートスを「日本精神」というのである。

大正末年から昭和初頭にかけての時期，世界史的には第一次大戦以後の時期における日本は国家改造の課題に直面していた。この時期，日本の国家改造の必要をもっとも強く意識していたのは，北一輝・大川周明らの超国家主義者であり，また中国との同時的な変革を考えていたアジア主義者たちであった。しかし彼らの国家改造の計画も革新の企図も挫折し，失敗した。それらの失敗の上に昭和日本は自らを軍国主義的な天皇制的神道国家として形成していったのである。そのとき「日本精神」は，「日本民族の精神的遺伝の姿であり，日本国民の魂であつて，日本の国体，日本の歴史，日本の文

化を創造し発展させる所の力でもあり，又同時に，それらに依つて培養され訓練されつつある所の心でもある」（河野省三『日本精神発達史』1936）という，同じ血が流れ，同じ土に生まれた民族の全体主義的な精神となる。

　『日本精神研究』は「日本精神」概念がその成立期にもちえた革新性をわれわれに教えている。これは改めて読み直す価値ある書である。最後に，「日本精神」概念を成立させる時代の空気はアカデミズムの側に「日本精神史」を成立させるものであることを付け加えておきたい。和辻哲郎の『日本精神史研究』が刊行されるのは大正15（1925）年10月である。

　なお。『日本精神研究』は『大川周明全集』第1巻（岩崎書店，1961）に収められている。

大川周明（おおかわ・しゅうめい　1886-1957）
　アジア主義の思想家。コーラン翻訳のなどイスラム研究でも知られる。A級戦犯として東京裁判に出廷するも精神異常の理由により裁判を免除。主な著作に，『復興亜細亜の諸問題』『日本二千六百年史』『米英東亜侵略史』『回教概論』など。

参考・関連文献
　大塚健洋『大川周明と近代日本』木鐸社，1990年
　大塚健洋『大川周明』中公新書，1995年

（子安　宣邦）

相良亨

『日本人の伝統的倫理観』

理想社, 1964年

――「日本的心性」の倫理学的語り――

「日本倫理思想史」とは

　相良亨は思想史的関心をもつわれわれの前に, 近世儒教運動の新たな思想史的な記述者として登場した。それはアテネ新書（弘文堂）の一冊として, 昭和30（1955）年に刊行された『近世日本における儒教運動の系譜』（再版, 理想社, 1965）をもってである。わずかに丸山眞男の『日本政治思想史研究』によって日本の近世儒教を見ていた戦後の思想史的関心者にとって, これは待望久しい書であった。戦前の漢学者・倫理学者による日本儒学史, 日本道徳史とは異なる新たな視線をもった近世儒教運動史がここに生まれたとわれわれは見たのである。その十年後, 昭和40年に相良は東大文学部倫理学科の助教授に迎えられ, 日本倫理思想史を担当することになる。日本倫理思想史とは, 国民道徳論的な日本倫理学史・日本道徳史といった科目が和辻哲郎によって改められたものである。昭和11年度の東大文学部学生便覧によって見れば, 倫理学科の授業は, 和辻教授「倫理学概論」同「日本倫理思想史概説」同「倫理学演習 (Hegel, Grundlinien der Philosophie des Rechts)」同「日本倫理思想史演習（鎌倉時代・室町時代)」となっている。ちなみに村岡典嗣が講

師として「近世に於ける国体観念の発展」という講義をしている。これは日本倫理思想史の成立事情を告げている。それは大学における倫理学講座を構成する一部門として，また和辻の倫理学体系を構成する重要な一部門として成立したのである。相良が東大で担当したのはこの倫理学講座の一部門としての「日本倫理思想史」である。

私もまた東大の倫理学科の大学院生として日本倫理思想史を専攻した。日本の思想史をやるにはそこしかないから倫理学に席を置いていたような私にとって，自分の専攻が倫理学の一部門としての日本倫理思想史であることを意識することはなかった。むしろ私は専攻が倫理思想史であることを否定しようとしていた。だが相良は違っていた。和辻の愛弟子の一人であり，和辻よって創設された日本倫理思想史講座を担当することになった相良は，だれよりも強くみずから倫理学者たろうとした。彼は自分が担当する日本倫理思想史を通じて倫理学者たろうとした。ここから相良倫理学というべきような日本倫理思想史が生まれることになった。

東大赴任以降の相良の業績は相良倫理学の日本思想史的な構成というべきものである。相良の仕事のこの方向への転換を記すものが『日本人の伝統的倫理観』である。これ以降，平成12（2000）年に亡くなるまでに，相良は『誠実と日本人』『日本の思想　理・自然・道・天・心・伝統』『日本人の心』『武士の思想』『日本人の死生観』などの多くの仕事をしていった。私はこれらをすべて相良の倫理学的な業績だとみなしている。彼の著作『本居宣長』『伊藤仁斎』をも含めて，私はそう考えるのである。

相良のしたことは日本的心性の倫理学的反省と考察からなるものである。相良は思想史についての方法論的自覚をまったくもっていない。彼は，哲学者が己れの哲学的考察の中でテキストを読むのと

同じように、己れの倫理学的考察の中で思想史的テキストを読んでいる。哲学者におけるテキストの読みの当否は、もっぱら彼における哲学的考察の当否・深浅にかかっている。ただ哲学的な考察の当否は、その根源性とともに、彼の使用する概念と論理の正しさにかかっているだろう。これを欠いたとき、彼の語ることはただの哲学的談義になってしまう。相良の場合もそれに近い。私は相良の著作をやや哲学的な人生論だと見ている。もちろん人が人生論を語ることに、他人がとやかくいうべきことではない。だが最高のアカデミズムの権威の座から語られる人生論は、人びとに許される人生論と同じではない。それは権威の重さを備えた〈心の教説〉である。

日本人の伝統的倫理観の基調

『日本人の伝統的倫理観』は後に展開される相良の日本的心性をめぐる倫理学的考察の諸方向をすでに提示している。この書は「誠の倫理」「武士の心」「絶対者の理解」の三部から構成されている。この三部門は、相良の人生論的倫理学を構成する三つの問題に対応している。それは誠実論と死生観と自然(おのずから)の形而上学である。第一の「誠の倫理」の冒頭で相良は、「序にかえて」として「伝統的倫理観の基調」をのべている。「私は、日本人の伝統的な倫理観の基調は、心情の純粋さを重んずるところにあったと思う」といい、さらに、「インド人は宇宙人倫を貫く縁起を観想する仏教をうみ、中国人は道として倫理をとらえる儒教をうんだ。ところが日本人には倫理を心情の純粋さにおいてとらえる傾向が強く貫いてきた」といっている。

彼はすでに早く日本人の伝統的な倫理観の基調を「心情の純粋さ」でとらえるのである。「すでに早く」とは、その見方は先刻す

でに彼に出来ているということである。「心情の純粋さ」はまず上代日本人の「清き明き心」として現れたという。相良はそれを語り慣れた言葉で語る。「清さとは底まで透いてみえる清流の透明さに感ずる感覚であり、明きとは太陽のもと、曇りなく開かれた視界のあかるさに感ずる感覚である。上代の日本人はこのような感覚的な形容によって人間としての望ましい心のあり方を理解した」。この慣れた語りとは、既成のものを反復する語りである。さて「心情の純粋さ」の中世的表現を神道の「正直」に見た相良は、その近世的な表現を儒家における「誠」に見ようとする。「近世の日本人の倫理観の基調をなしたものは何であったかといえば、私はこれを誠であるといいたい。また、この誠は、一言でいえば、他者に対する思い入れの純粋性であったといえよう。それは客観的法則的な倫理に対する無私ではなく、他者に対するものであったことに注目される」。誠を他者に対する誠実さ、思い入れの純粋性としてとらえ、これをもって日本人の倫理的基調の近世的表現とするのである。こうして「徳川時代の誠」がこの書の第一章をなし、誠実論が相良倫理学の最重要な課題となる。

　だが日本人の伝統的倫理観の基調を「清き明き心」から「正直」を経て「誠」にいたる心情の系譜をもっていう相良の言説は、既成の言説を反復するような口慣れたものである。そうとらえることにいささかの躊躇も、迷いもない。相良は近世儒教を「誠」中心の儒学とする見方を武内義雄（1886-1966）の論文「日本の儒教」の示唆によるといっている。武内のこの論文が相良に与えたものは近世儒教の見方にとどまらない。

武内のいう日本的儒教

　武内は日本で受容され，日本化された儒教を語り出していく。それは「日本の儒教」という論文においてである。その論文は雑誌『理想』（昭和17年5月）に掲載され，後に『易と中庸の研究』（岩波書店, 1943）に付録として収められた。武内はここで江戸時代の儒教，ことにわが国独自の展開を見せた伊藤仁斎の儒学にふれて，彼はそこに「忠信主義」とよぶべきようなマコト的心性への強い志向を見出す。さらに大坂の懐徳堂の儒学における『中庸』の再評価と「誠主義」の台頭にふれたのちに武内は「日本独自の儒教」の展開をこう説くのである。

　「支那近世の儒教も相当にひろく深く日本にうけ入れられてゐたが，その間から忠信主義や誠主義が強調されて日本独自の儒教と成つたのは，恐らく儒教の中から日本固有の道徳に一致する部分が強調闡明(せんめい)されたものと解せられる。宣命に清き明き直き心といひ，神皇正統記に正直の徳といつたのは畢竟「マコト」の別名である。さうしてこの「マコト」は本来は偽らぬ心であるが，それが忠信から誠にうつるに及んで，偽らぬこと欺かぬことは単なる人間の道でなくして天道に随順することになる。天道に随順することは自然に随ふことであり，又語をかへていへば神ながらといふことである。……永い歴史をたどつて紆余曲折はあつたが，結局中庸を中心として儒教を説明することによつて，儒教はそのまま日本の道と成つたのである。」

　武内による「日本の儒教」の語り出しとは，ここに見るように日本固有の道徳性（日本の道）の再構成的な語り出しである。日本古代の「清き明き心」の道徳や「神ながらの道」に連なる日本固有の道徳性が，日本近世儒教の誠主義的展開のうちに読み出されていく

のである。

　相良の日本人の伝統的倫理観の基調をめぐる説を引きながら私は，これはすでに早く出来ている言説だといった。相良の「誠」中心の語りは，武内の「日本の儒教」のうちにすでにあるのである。「日本的儒教」というものは，日本的固有性を見るものの語りの上に再構成される。それは本質的に騙りなのである。私は武内の「日本の儒教」の説の唯一実証的とみなされる箇所，仁斎の『中庸』批判と懐徳堂の『中庸』再評価をめぐる箇所の誤りを指摘した（「誠と近世的知の位相」『伊藤仁斎の世界』所収，ぺりかん社，2004）。相良の「日本的心性」の倫理学とは，「日本的心性」という語りの上に構成される倫理学である。

　相良は「日本的心性」という語りを，わずかに語り手の誠実（純粋性）をもって真率な語りとしていった。相良は後に誠実者の欠点をいっている（『誠実と日本人』）。誠実者はしばしば相手に己れの誠実（純粋性）を押しつけると。しかし誠実者の問題とはそんなところにあるのではない。己れをただ誠実であるとするものの自己欺瞞こそが問題なのだ。誠実にウソをつくものは，自分がウソをついているとは決して思わない。

相良亨（さがら・とおる　1921-2000）
　東京大学文学部名誉教授。和辻哲郎に師事。『相良亨著作集』全6巻（ぺりかん社）がある。

参考・関連文献
　武内義雄『易と中庸の研究』（岩波書店，1943年）
　子安宣邦『伊藤仁斎の世界』（ぺりかん社，2004年）　　　（子安　宣邦）

湯浅泰雄

『近代日本の哲学と実存思想』

創文社, 1970 年

近代的自我への視線

本書の問題意識は, 序文に明言されている通り「第一に, 近代日本の哲学と実存思想の親近性の背後にあるものを, かれらの思索の歴史的伝統の背景にまでさかのぼって明らかにすること」, そして「第二には, 彼らの思索の遺産を受け継いで, 現代における実存思想のあり方について考える」ことである。

ここで湯浅氏が近代日本の哲学者として選んだのは西田幾多郎 (1870-1945) を中心として田辺元 (1885-1962), 波多野精一 (1877-1950), 和辻哲郎, 三木清 (1897-1945) の 5 人である。この選択について湯浅氏は, 著者の関心に基づくもので, はっきりした基準があるわけではないと断っているが,「あとがき」にあるように, これらの哲学者の名前は, 戦中派の人々にとっては, 青年時代の戦争体験と重なるものであり, 日本近代の歩んだ道と切り離し得ないものであった。湯浅氏自身が哲学に関心を持ったのは戦後のことであるが, 戦後 20 年を経て, 無批判な信奉の対象とされるか, 感情的批判攻撃の対象とされるかの二極を揺れ動いていたこれらの哲学者たちの思想を, 客観的に評価し直そうという動機がそこにあったことは確かである。

本書のもう一つの特徴は、この日本近代哲学を、単に西洋と東洋の出会いという視点からとらえるのではなく、むしろ明治以前の日本の伝統思想とのつながりから考えて行こうとする点である。このことは比較の対象である西洋の実存思想においても同様で、それを近代合理主義批判の文脈において見るのではなく、むしろ中世の伝統的存在論との連関の中でとらえようとしている。その上で、両者の親近性の背後にあるものを明らかにしようとするのである。

さらに第二の、「彼らの思索の遺産を受け継いで現代における実存思想のあり方を考える」という点についていえば、和辻の最後の弟子であった湯浅氏自身が、西田らの担った近代的自我の確立という問題を継承し、「自己」についての問いを現代にどう引き継ぐかという問題意識の下に問題を立てているということである。

このように明確な問いに貫かれていることで、本書は概説的な解説や内在的な解釈に陥ることなく、現在においてもきわめて示唆に富むものとなっている。

自我の背進的没入による受動的無限拡大

本書は3章に分かれている。第1章では前述した5人の哲学者の思想をとりあげ、その思考様式の型というべきものを抽出する。冒頭におかれた西田哲学の分析においてまず指摘されるのが、「自我の背進的没入による受動的無限拡大」という特徴である。西洋近代の自我意識が、デカルトのコギトに始まり、ヘーゲルの「絶対精神」に至って宇宙を包摂する巨大な自我へと成長するのに対して、西田のいう「意識一般」は自我が外へ向かって働く己れを否定しつくし、自己の底へ背進的に超越して「無の場所」となることで、外なる実在を内包する。さらに西田の行為的直観論についても、「自

己の底に没入する」という内向的行為によって，理性的な自我意識は消え，世界が我の身体と一体化するという身体の問題への着眼が見られるという。

この自己についての問いの内向的実践の型と身体論への着目が実存思想や生の哲学との親近性をもたらしているわけだが，ここで抽出された「自我の背進的没入」と「身体論への着眼」という二つの思考様式は他の4人の思想家の分析においても一つの分析の枠組みとなる。たとえば身体論は，田辺の場合には民族性の問題につながるし，和辻の場合にも彼が人間の「間柄」の原型を心理的関係にではなく「性」と「愛」という身体的な夫婦関係においたことなどに現れているという。湯浅氏の分析は，視点が絞られていることによって，かえってそれぞれの思想の特質と問題点を分かりやすく浮かび上がらせている。特に直接の師であった和辻哲郎の倫理学の分析とその批判には鋭いものがある。和辻は自我意識の立場を一切排除して「間柄」の倫理学を構成するが，それは「人間の学」として倫理学をとらえる方法的主体の見えない支配の下にその全体系が成り立っているにすぎないと湯浅氏はいう。

第2章の前半は日本近代哲学と伝統的な近世儒教，さらには中世の仏教との連関を問う。従来西田哲学と仏教の関係は注目されて来たが，湯浅氏によると彼らの仏教理解は中世の鎌倉仏教，なかでも道元と親鸞に偏しており，西洋哲学に対する理解の程度とは格段の差があるという。そしてこれまで全く問題にされてこなかった近世儒学，とくに朱子学的形而上学とそれに対抗する古学派・国学という近世日本思想史の伝統との関連に注目する。元来朱子学は，唐代に全盛を極めた禅の思想を内包しているから，朱子学的思考様式には禅的なものとの共通性が多く認められる。それゆえ日本近世思想

史における伝統との連続という観点から近代哲学の思考様式を考察することには大きな意味があるといえよう。

　湯浅氏によれば、日本近世思想の特色は、儒教にしても仏教にしても、西洋哲学のように観照（テオリア）から実践へという方向ではなく、実践の立場を基本として認識と実践の合一を目指すということ、そして自己修養や禅の修行のような〈内向的実践〉を通じて超越的世界に対する形而上学的認識に至る方向と、それによって開けて来る社会的な〈外向的実践〉および世界の形而下的認識との緊張をはらんだ統一が自己の身体という場において保たれていたということにあるという。言い換えれば道徳（内向的実践）と宗教（形而上的認識）／政治（外向的実践）と学問（形而下的認識）の四者が緊密な一体関係において統一されておりその中心に自我が存在しているという構造を持っていたということである。

　近世思想史においても、すでに伊藤仁斎や荻生徂徠の古学の流れは、この統一を解体させる契機を含んでいたわけだが、近代日本の哲学者たちが新カント派的な合理主義を受け入れつつ、その理性的自我が、自己の存在根拠を喪失し、故郷を喪失した自我であると感じた理由の一端がこのような伝統思想の思想構造にあり、それが彼らを実存思想に接近させたと湯浅氏は主張するのである。

　このような見地から西田の「即」の論理を見た場合、西田は道元や親鸞のように、自己が自己の実践の場において超越するという実存的見地には立っていない。西田は矛盾的自己同一の構造をあくまで論理的に解明しようとする。湯浅氏はそこに西田の「即」が無媒介な直観主義として批判される要因があるというのである。

　近世思想をめぐる個々の議論には異論もあるが、すくなくとも近世思想との連続という観点から彼らの思想を検討することによって、

さまざまな問題が浮かび上がってくることは事実であろう。たとえば「近代日本哲学は、東洋的非合理主義を基盤として西洋的合理主義を受け入れた」というような単純な見方は出来ないことが明らかになる。なぜなら近世において自然科学的合理主義を発展させた原動力は朱子学の流れから生まれており、儒教を一概に非合理主義ということは出来ないからである。

このような伝統的思考様式を背景として近代日本の哲学者たちは西洋思想を受容していったが、そこに現れた特徴を要約すれば、身体を〈自我〉と不可分な、存在の場所ととらえ、身体を媒介として自己と世界、主体と客体の関係を直接経験的にとらえようとした。そこに実存思想との親近性が生まれる。そして自我への背進的没入を通じた前進という「日本的実存思想」の型が生まれたと湯浅氏はいうのである。

身体性の哲学

第3章は、以上のような近代日本の哲学の検討を踏まえて、現代の実存思想の問題へと踏み込んで行く。ここでの問題は、なぜ現代の実存思想が存在論という形で提起されなければならなかったかという問いから説き起こされる。

湯浅氏はハイデッガーの「存在の意味」への問いに啓発されて、古代中世の存在論と実存思想との関係という問題意識を持ち、日本思想におけると同様、アリストテレスやトマス・アクィナスの存在論にまで遡って、伝統的存在論の立場から現代実存思想を見直そうとする。今ここでこれらの内容を要約する余裕も能力も私にはないが、重要なことはここで見出されたのが、伝統的存在論の中にある身体性の契機であったということである。それは「身体性の哲学」

の発見ともいうべきもので，あとがきにもあるように，むしろそこから東洋思想における身体性の問題への視野が開かれていった。「身体の問題を中心に世界と人間とを考えていくことから，東洋と西洋の叡智を見直す道が開けてくるのではないか」というのが本書を貫くモチーフなのである。湯浅氏がここから気の哲学やユング心理学などへの関心を深めていくことは周知の通りである。

湯浅氏は親鸞の「弥陀の五劫思惟の願をつくづく案ずれば，ひとへに親鸞一人がためなり」という言葉を引きながら，「私はこの自己の存在の根底からひらけてくる独我論的な世界へ勇気をもってふみ入ることから，新しい方向がひらけてくるものと考える。ここに，近代日本哲学の〈自我の背進的没入を通じての前進〉の方向がある」という。本書が書かれた1970年と現在ではもちろん歴史的状況が異なっているし，また〈自我の背進的没入〉の道をとるかどうかは，それぞれの選択の問題である。しかし，現代の思想史研究が，このような主体的問いのもとになされているか，そして洋の東西に渡る歴史的視野を持ち得ているかを考えると，本書から学ぶべきものは多い。

湯浅泰雄（ゆあさ・やすお　1925-2005）

桜美林大学名誉教授。専門は哲学，心理思想。主な著作に，『身体論』『気・修行・身体』『ユングとキリスト教』『哲学の誕生』など。『湯浅泰雄全集』全17巻（ビイング・ネット・プレス）がある。

参考・関連文献

子安宣邦『和辻倫理学を読む　もう一つの「近代の超克」』（青土社，2010年）

(宮川　康子)

色川大吉

『明治精神史』

黄河書房，1964年／1968年（講談社学術文庫，上下，1976年）

——戦後民主主義が生んだ最高峰の歴史叙述——

　『明治精神史』は若き色川が，渾身の力を振り絞って書いた民衆思想史の名著であるとされてきたし，私もそう考えてきた。学部生の時に読んだこの本は，圧倒的な魅力を持って私の心を捉えたことを記憶している。「思想の地下水を汲む」というキャッチコピーは，講談社学術文庫版で読んだ，遅れてきた私のような読者にすら衝撃であった。あらためて読み直す機会を持ち，その衝撃の正体を以下では再考してみたい。

　まずは，書誌的な確認をしておこう。本書は，1964年に黄河書房という小さな出版社から大学の講義用のテキストとして出版されたが，大きな反響があり，そこでの議論を踏まえて増補版『明治精神史』が1968年に出版されている。しかし色川は，「黄河版の原本のままの文章は一章もない」ほどに大幅に書き直し，1973年に『新編　明治精神史』を中央公論社から出版している（新編は後に岩波現代文庫）。しかし学術文庫版が出されるとき，色川は「一行の改ざんも」ない初版本の収録を，「1960年前後の緊迫した情況」での「一回限りのもの」として認めている。ここでも，増補版『明治精神史』を決定版として取り上げていきたい。

明治の精神

いくつかの前提となる議論を箇条書き的に示すことから始めようと思う。まず注意を促しておきたいのは，本書が「1960年の国民的な大運動とその後の思想水脈の支離滅裂な状況」に対して，「歴史の地下水」の汲み上げを試みることで，「真に国民的なひとつの近代伝統として止揚され，創造に役立てる」ことが目指された書だという点である。色川の歴史家としての時代に対する実践がこの書であるのだ。「戦後の運動のあやまちのなかで，停滞してしまった思想の創造性を回復」しようとする地点から，色川は自由民権運動の敗北を見つめ直そうとしたのである。また，この書は，「わが思想史学界」といった言葉がしばしば用いられるように，思想史研究の書として構想されている。しかもその設定は，「頂点的思想家」を視野に入れながらも，そことズレながら未分化なままの「底辺」の意識を広義の思想史として，すなわち精神史として描き出そうというのである。

私が初めて本書を読んだときの衝撃とは，第1部「国民的覚醒の時代」の叙述に，思想史研究は従来のままの「頂点」思想史研究でいいのか，と問題を突きつけられたことによるものだった。それはあながち間違った読みではなかったのだろうが，色川の本書の構想自体はより一層大きなものである。第2部「国家進路の模索の時代」では徳富蘇峰（1863-1957）や中江兆民（1847-1901），高山樗牛（ちょぎゅう）（1871-1902）や内村鑑三（1861-1930）といった色川がいうところの「頂点的思想家」が論じられている。第3部は方法論を書評などへの応答として議論したもので，第4部は補論的な位置づけだと思われるため，主たる歴史叙述は，第1部と第2部とを合わせて論じればよいだろう。しかし，第1部と第2部との連関は明解には示され

ておらず、そこが議論の的ともなったようである。確かに、この本の構想は成功しているとは言い難い。しかしそのことを問題にするよりも、色川が描こうとしたものが「頂点」でも「底辺」でもなく、明治の精神であったことの重要性を指摘しておきたい。ことの成否を越えて、頂点から底辺までを描ききろうという壮大な計画と、その先に思想の主体的な強さを発見しようという意気込みが、読むものを引き込むだけの力を持っているのだ。その意味で、今なお読み返すに値する書だということができるであろう。

「思想の地下水をさぐろう」

それでも、本書の魅力も問題も、第1部にあるのではないか。「歴史に埋もれた人民の思想の地下水」に「未発の契機」を探ることは、「真の思想の自立」のためには必須だと色川が主張しているからである。「未発の契機」は「民族の思想・文化の「重層構造」のなかにさぐられ、「底辺」において形づくられ、堆積されている」のであるから、それを継承し「汲みあげ」ることが必要だというのである。そこで対比的に描かれるのは、北村透谷（1868-1894）と徳富蘇峰である。その構図は比較的単純であるが、そのことを論じる前に、本書の最大の特徴を見ておかねばならない。

本書の第1部さらにその中心をなす議論は「自由民権の地下水を汲むもの」であるといってよかろう。この章の副題は、「透谷をめぐる青春群像」と題されている。また本書第1部の本文の冒頭の文章を引いておこう。「ここに十数人の青年たちがいる。北村透谷をのぞけば、ほとんど人に知られたことのない明治時代の青年たちである。かれらはとりわけ才分に恵まれたわけでもなく、功業をとげたわけでもない。ふつうの百姓であり、いわゆる土に生まれて土に

帰っていった豪農の子弟である」。

　こうした叙情的で物語的な文体とともに，三多摩地域を中心に明治の青年たちの足跡が明らかにされていくのである。「地下水は歴史の伏流となって流れていた」として四つの伏流に分け，そこに人物像が割り振られ提示されていく。孤高の天才北村透谷とされてきたが，実は多くの同志と問題意識や時代を共有していたことが明かされていく。自由民権運動は，多くの若者の決起をうながし，そして戦いに敗れた後も彼らの多くは生き続け，様々な生き方を示していく。結局のところ天皇制に巻き込まれていったり，不幸な末路を辿ったりするのだが，そこに自由民権運動が生み出した「思想の地下水」が存在しているというのだ。こうした民衆思想史の問題提起が，大きな影響力を持ったのである。

　そこでの人物配置としては，自由民権期の青春群像のなかから何かを汲み取った人物として北村透谷が，逆に何も学び取らなかった人物として徳富蘇峰が置かれている。「透谷のみが民権運動の精神を内面化することに成功」した人物とされ，それは「典型的な土着型日本人の思想づくり」とも形容される。それに比して蘇峰は，「理論信仰型」で「日本人の外発的知識人の思惟様式の先駆をなした」とされる。「思想の地下水」とは別のところで思想形成をしたと見なされる蘇峰への評価は低く，透谷への強い思い入れが読者に伝わるのである。

近代的主体

　色川の熱い口吻とともに語られる自由民権期の青年たちの姿は，真の解放を求める色川自身と重なりながら，彼らの内面までも含めつつ歴史的に再現される。それはまさに真の近代への思い入れとと

もにあるものであった。色川自身は,「(安保) 以前にはモダニズムの色彩が濃かったし,以後には反モダニズムが強くおしだされている」と語ってはいる。そして確かに色川自身にとって安保体験は大きかったのであろうが,それでもそこには変わらぬモダニズムが貫かれている。透谷に「真の近代的な社会批評精神」を見て取ったり,ある人物の岐路を「近代的人間に転換しうるか,しえないかの」岐路と考える在り方がそれである。

戦後の言説空間を強く縛ってきた主体化の幻想を色川もまた共有し,その内部から積極的に発言している。丸山眞男と同様に,西洋モデルとは異なる特殊近代化のコースを日本は歩んだのだと位置づけ,その中でいかにして近代的主体を確立するかを思想課題とする在り方が共有されているのである。しかも色川の場合それを民衆(底辺)に堆積された「未発の契機」と接合する形で求めていく。あるフェミニズム研究者は,近年「私が追求してきた近代的主体とは,家父長的主体のことだ」と自省的に言い放った。近代国家が収奪と支配の対象として規律・訓練化する主体を,近代国家への抵抗の主体として発見し鍛え上げようとする,戦後の言説の根深い在り方は,どのような抵抗の拠点を創り出すことができたのであろうか。戦後民主主義の実現のために動員された,知識人による近代的主体探しから,私たちは何を考え,何を継承し,どう乗り越えていけばいいのだろうか。

少し一般化し過ぎた議論になったが,色川に戻すと,そこに民衆の問題が加わってくる。北村透谷と問題や時代を共有した多くの若者たちは,色川の掘り起こしの情熱とともに語られるのだが,結局のところ,逆説的にではあるが,透谷の天才をあぶり出してはいないだろうか。ひとり透谷だけが,民権運動とその敗北を「内面化」

し得たのであるから。他の人々の思想性に透谷ほどの魅力や深さはない。色川の思いとは裏腹に，本書に登場する豪農層の青年たちは，透谷の引き立て役を引き受けさせられていはしないか。

　さらに，民衆的なものと接合されているかどうかで，透谷や蘇峰の思想を評価するその基準の持つ怪しさにも言及しておきたい。果たして「民衆」から学ぶ者は，「読書」して学ぶ者よりも優れているのだろうか。戦後民主主義は弱者を語るものを弱者の味方であるかのように見なしてきた。しかし，「民衆」を語ることで，「民衆」は救われたか？　知識人が，そして歴史家がなすべきこととは，「民衆」を形象化したり，そこに可能性を発見したりすることではないのではないか。しかも色川が「民衆」という言葉を通じて語ったのは豪農層のことであり，決して「底辺」ではなかった。「底辺」は実は語りっぱなしの色川の作りだした装置でしかない。とするなら，この本を読む機会がある方は，歴史家の装置としての「民衆」に肩入れするのをやめながら，それでも戦後民主主義が生んだ最高峰の歴史叙述として，この本を通じて，戦後とは何だったのかを考えてみて欲しい。

色川大吉（いろかわ・だいきち　1925-　）

　東京経済大学名誉教授。専門は日本近代史，民衆史。主な著作に，『明治の文化』『ある昭和史　自分史の試み』など。『色川大吉著作集』全5巻（筑摩書房）がある。

参考・関連文献
　安丸良夫『日本の近代化と民衆思想』（平凡社ライブラリー，1999年）
　鹿野政直『資本主義形成期の秩序意識』（筑摩書房，1969年）（樋口　浩造）

安丸良夫

『近代天皇像の形成』

岩波書店, 1992 年 (岩波現代文庫, 2007 年)

―― 「民衆」史は国民の歴史か ――

　安丸良夫は, 色川大吉, 鹿野政直 (1931-) とともに戦後民衆思想史の三羽がらすのひとりに数えられ, その業績は民衆宗教思想史という新たな研究領域を切り開くものであり, この分野に大きな足跡を残した人物である。主著には『日本の近代化と民衆思想』などがあるが, 本書では天皇制を論じた研究として, 『近代天皇像の形成』を取り上げようと思う。民衆宗教史研究の第一人者が, その研究蓄積を前提に近代天皇制を論じるとき, いかなる議論の地平が開かれるのか, 批判的にではあるが, 見ていこうと思う。

戦中戦後の天皇制論を越えて

　安丸は「古典学説」として,「講座派マルクス主義と丸山学派」の両者を, 天皇制論を補完し合う共通の立場に立つものであることを指摘し議論を始める。それは,「近代天皇制の性格を前近代性においてとらえ, それになんらかの近代を対置する」という「戦後民主主義に理論的よりどころを与えてきた」立場に対して, 新たなスタンスを築こうとする意欲を示すものである。この立場は, タカシ・フジタニの『天皇のページェント』(NHK 出版, 1994) などと

ともに，天皇は前近代の遺物ではなく，近代において新しく創り出された近代的制度であることを主張する立場であり，現在の天皇制論の先駆的な位置にある書ということができよう。しかも，歴史学では盛んに論じられた天皇制ではあるが，日本思想史の領域で，近代天皇制と正面する議論は意外にも少なく，そこでの安丸の功績も確認しておく必要があるだろう。

　安丸は本書で「18世紀末から19世紀末まで」に時代を設定し，「近代転換期における天皇制をめぐる日本人の精神の動態の解明」や「天皇制に関わるイメージや観念がどのように展開したのか」を主題とするという。ただ，「時代の精神状況」をとらえようとする安丸の意欲は認めつつも，本書において，「時代の精神状況」なるものが，どのように捉えうるものなのか，方法的な吟味が不十分な印象を受ける。知識人のテキストから，民衆蜂起などに関わる民衆史の蓄積，民衆宗教と伝統的な民俗世界の存在まで，かなり広範に資料を駆使しながら議論は進められるのだが，それらが有機的にどう連関付けられているのか判然としてこないのである。「時代の精神状況」をどこに見出そうとしているのか，ひいては，この書によって，私たちは天皇制とどのように向き合うことが可能になるのか，講座派や丸山学派を越える新たな天皇制論をもくろむ安丸の問題意識に共感しながらも，本書の向かう先が見えてこないというのが率直な読後感だ。

錯綜する天皇像の意味するもの

　安丸の論じる荻生徂徠の位置や，宣長を「生活世界のリアリティを擁護」した思想家とし，宣長に「リベラリズムの本領」を読み取ることを可能とする所など，私には疑問な点もなくはないが，こう

した細部の読みはここでは置いておこう。問題は，個別の評価ではなく，安丸の描こうとしたものに関わるところで議論されねばならない。

それでもなお，おそらく私はこの本をうまく読めていない。3章，4章，5章と進んでいきながら，私には筆者の意図がうまく汲み取れなかった。様々な階層の，様々な側面からの秩序と反秩序の思想や宗教や民俗の事例が，取り出され語られていく。近代天皇制を封建制の残滓としてではなく，新たに誕生したものと考える立場に立つと安丸は冒頭で述べていた。とするなら，ここでの事例は近代国民国家に統合される以前の事例であり，統合されることなくバラバラに記述していくこと自体が，断絶を語る素材の配置を示しているということになるだろう。そう読んだ方がこの本は面白いはずだ。しかし一方では，少しずつ近代天皇制が準備されていく過程を論じた，連続説の立場の記述としても読めるのである。

さて，安丸は「近代天皇制に関わる基本観念」として四点を指摘するのだが，その四点目の「文明開化を先頭に立って推進するカリスマ的政治指導者としての天皇」に関する，6章の記述は興味深く読んだ箇所である。「国民国家統合の中心につねに超越的権威としての天皇」があることを指摘しながら，「神道非宗教説は，天皇を中心とする権威・秩序とこの「自由」との間に折り合いがつけられたことを意味する歴史の記念碑」とする理解である。「人びとはそれぞれの「自由」をこの権威ある中心に結びつけることによって，自分の欲求や願望に正当性と普遍性を与え」るのだが，そのことはまた天皇制が「社会的諸勢力からの「自由」を介した献身を」調達する機能を果たしているとする説明である。近代天皇制国家における「信教の自由」の規定が持つ機能の説明として鮮やかな切り口を

示しているのではないか。

生活者としての民衆

しかし，本書の最大の問題は8章の評価に関わるであろう。再三にわたって民衆の，祝祭的，反秩序的，「オージー的高揚」に着目し，その流れを踏まえながら，明治初頭の途方もない「幻想」と「蜂起」が論じられるのだが，それらは，絶対的な権威である天皇制の「圧倒的に優勢な軍事力」によって「圧服」される。民衆の「生活世界」は，文明開化のもとでは啓蒙の対象でしかない。そんな中で，「対抗するまったくべつのコスモロジー」として，周縁的な存在ではあるが民衆宗教に注目すべきだという。祝祭を通じての救済願望は日常に戻ることで見えなくなるのだが，「民俗的なものは形を変えることでしぶとく生き残り，新しい生活力を発揮していく」と指摘する。その可能性が，「生活者としての民衆」という言葉に結実していると私は読んだ。「生活者としての民衆にとって，天皇や国家が影の薄い存在だ」というのだ。「生活者としての民衆は，国家の論理を受け入れるとともに受け流し，生活者としての自前の生き方を図太く守り抜いてきた」とするのである。圧倒的な支配の正統性と民衆世界とのあいだには大きな亀裂があり，だからこそ民衆は容易に民衆的な生活に戻ることができたという。これらの指摘から読者は何を考えたらよいのだろうか。

支配層・中間層とは異なる世界を持つ民衆，それは安丸が構想した民俗世界ではないのか。しかもそこでの民衆は，天皇制に対して時に爆発的に抵抗するものの，日常的には暗黙の了解を与え続ける存在である。この安丸民衆思想史の議論からは，天皇制への批判的視座は確保できないのではないか。総力戦体制で戦われる近代戦に

おいて,「生活者としての民衆」をあたかもその外部にあるかのように語る在り方は,結局のところ,民衆が天皇制を黙認し下から支えたことを,安丸の意図は別にして,本書で裏書きしてしまってはいないか。

「民衆」

ここからは,民衆にカッコをつけて「民衆」と表記しよう。知識人が思いを込めて語る「民衆」という概念自体を問題化しておきたいからである。以下では「民衆」を語る知識人の立場について考察を加えることで,議論を終えようと思う。

丸山眞男は戦後早い時期に「国民精神の真の変革」を唱えた。そこには市民的主体を立ち上げようとの丸山の生涯をかけた主張が現れていた。丸山学派の天皇論を越えようと目論んだ安丸の「民衆」像は,果たして戦後民主主義を支える政治的主体を構成することができたのだろうか。むしろ議論は後退してしまってはいないか。「生活者として民衆」は戦後民主主義とどのように切り結ばれるのだろう。いつの世にも「民衆」は「生活者」でしかないのだろうか。安丸が通俗道徳論の中で形象化して見せた「民衆的主体」は,このような地点に帰結していくものなのであろうか。国民国家の中で国民たることを免れた日本の「民衆」など存在しない。とするなら,「民衆」史とは「国民の歴史」そのものとどう違うのか,このことを反省的に議論するときに来ているのではないか。

サバルタン・スタディーズ(サバルタンは従属的な諸階級・民衆を指す)が日本に入ってくるはるか以前に,日本史研究において「民衆」思想史は確立された。知識人が「民衆」の側に立つこと,そのことはとりあえず是とするにしても,それが「民衆」を語り,「民

衆」を再構成することと同義でないことは言うまでもなかろう。サバルタンは語れない。そのことの反省的な含意なしに，もはや「民衆」を語ることはありえないのではないか。

　1990年代に書かれた本書は，「立派に」帝国として存在する日本を前提にしている。帝国日本にも，もし「生活者としての民衆」がいるとするならば，そのしたたかな「生活者」意識は，帝国意識として分析されるべきであろう。帝国日本にもし「民衆」がいるとしても，それは決してサバルタンと同じ存在ではありえない。日本一国の「民衆」の中に可能性を探す，閉ざされた「民衆史」からは，帝国日本をアジアや世界との関係の中で，批判的に問いただす視点は切り開かれないだろう。

　ポスト・コロニアリズムからの突き上げを喰らった帝国日本の知識人は，日本の「民衆」の立場に立ってはいられないのではないか。それは，あとから生まれた私たちの課題であるのだが。

安丸良夫（やすまる・よしお　1934- ）
　一橋大学名誉教授。専門は日本近代史，民衆史。主な著作に，『日本の近代化と民衆思想』『出口なお』『日本ナショナリズムの前夜』など。

参考・関連文献
　安丸良夫・磯前順一編『安丸思想史への対論　文明化・民衆・両義性』（ぺりかん社，2010年）

（樋口浩造）

村上重良

『国家神道』

岩波新書，1970年

——国家神道批判の大きな一歩——

国家神道とは何か

　村上重良は『国家神道』を激しい怒りをもって書いた。その怒りは，日本（台湾・朝鮮をも含んだ）国民の肉体とともに精神を支配し，抑圧した〈戦争する日本国家〉の原理であり，装置であるものに対してである。彼は国家神道こそが，1945年に至るまで国民を支配し，抑圧した国家的原理であり，装置であるとみなした。村上は本書の「まえがき」で，「国家神道は，二十数年以前まで，われわれ日本国民を支配していた国家宗教であり，宗教的政治的制度であった。明治維新から太平洋戦争の敗戦にいたる約80年間，国家神道は，日本の宗教はもとより，国民の生活意識のすみずみにいたるまで，広く深い影響を及ぼした。日本の近代は，こと思想，宗教にかんするかぎり，国家神道によって基本的に方向づけられてきたといっても過言ではない」といっている。

　昭和のファシズム期にいたってその姿を暴力的に顕在化させる近代日本の精神的・政治的・制度的な国民支配のシステムを村上は国家神道とするのである。なぜそれが国家神道と呼ぶ国家宗教であるのか。これは明治の新国家の登場とともに，「神社神道と皇室神道

を結合し，宮中祭祀を基準に，神宮・神社の祭祀を組み立てることによって成立した」(「序説」)ものだからである。この国家神道はやがて『教育勅語』をはじめとする「国体の教義」をもって己れの教義とし，また国家的な神社体系を制度的に確立して，国民の敬神的行為と心情とを集約する体系となっていく。この国家神道が「国民にたいする精神的支配の武器」として猛威をふるうのは昭和のファシズムの時期である。皇国日本への国民の忠誠は神宮・神社における敬神行為によって表現されたし，表現されねばならなかった。その中心をなす神宮・神社とは伊勢神宮であり，靖国神社であった。これが国家神道である。

戦争の終結から四半世紀を経過した1970年に村上は，国家神道の復活の動きに接し，怒りを新たにする形で『国家神道』を書いたのである。私もまた度重なる小泉元首相の確信犯的な靖国参拝に対する怒りを『国家と祭祀　国家神道の現在』(青土社，2004)として表した。

国家神道批判は日本国民のこの怒りから構成される。怒りから構成されるゆえに，その国家神道批判が恣意的であり，主観的だとされてはならない。この怒りとは，昭和における国民の歴史的体験と記憶からくるものであり，私の個人的な感情に由来するものではない。戦争が記憶から消し去られ，その歴史が書き換えられないかぎり，この怒りもまた人びとに共に追体験され，再表明されるはずのものである。だが戦争の記憶はそれをもつ世代の退場とともに確実に薄弱となり，あの怒りもまたいつしか時代遅れの，場違いな表明とみなされるようになっている。こうして村上の『国家神道』の批判の上に新たな国家神道論が書かれる時代となった。その新たな国家神道論とは島薗進の『国家神道と日本人』(岩波書店，2010)であ

る。

村上批判と新たな国家神道論

　村上批判の上になされた新たな国家神道論を見ることによって，われわれは村上国家神道論の特色を知ることができる。『国家神道と日本人』の著者島薗進による国家神道の定義を見てみよう。彼はその書の冒頭で，「天皇と国家を尊び国民として結束することと，日本の神々の崇敬が結びついて信仰生活の主軸となった神道の形態」として国家神道を定義している。さらにそれをその信奉者の立場から定義すれば，「国家神道は皇室祭祀と伊勢神宮を頂点とする神社および神祇祭祀に高い価値を置き，神的な系譜を引き継ぐ天皇を神聖な存在として尊び，天皇中心の国体の維持，繁栄を願う思想と信仰実践のシステムである」となるという。島薗は国家神道を日本近代の天皇崇敬的体系として定義し直そうとするのである。そのかぎり国家神道は戦後も存続しているとされるのである。なぜ島薗は天皇崇敬的体系をいま国家神道として定義し直すのか。この再定義からはわれわれが国家神道批判としていってきた大事なものが消え失せ，隠されてしまっている。

　島薗による再定義は，村上・国家神道論の批判を通じてなされるものである。まず島薗は村上の国家神道像が「戦時中の国家神道の像にひきずられているところがある」と批判する。しかし戦時中に猛威をふるったことこそ，国家神道批判の最大の理由をなしている私などの議論からすれば，「戦時中の国家神道の像にひきずられ」るのは当たり前のことであって，それに引きずられない国家神道論とは何なのかと逆に問いたくなる。恐らく批判という視角をもたない，宗教学的な国家神道論が彼にとっての問題なのであろう。島薗

による村上国家神道論への最大の批判は，村上における神社神道概念に向けられている。「村上重良の国家神道論には，もう一つ大きな欠点がある。それは，国家神道をまずは神社・神職の組織として捉えることだ」と島薗はいう。ここで島薗がいう「神社・神職の組織」体としての神社神道とは，狭義の，近代の法制史的な概念としての「神社神道」である。村上が国家神道形成の最大の要因としていうのは民族宗教としての神社神道である。「神社神道は，神道の主体であり，国家神道の形成は，民族宗教としての神社神道の存在によって，はじめて可能となった」（村上『国家神道』Ⅰ「神道のなりたち」）と村上がいう通りである。これを私は広義の神社神道概念という。島薗は狭義の近代制度的な「神社神道」概念によって，広義の民族宗教的な神社神道概念による村上国家神道論の誤りをいっているのである。この神社神道概念にこそ村上国家神道論の特色があり，村上批判による新国家神道論の問題もある。

村上国家神道論の特色

近代日本にたしかに存在した国民を包括的に政治的・精神的に支配し，抑圧した国家宗教的なシステムを，国家神道ととらえることにおいて私は全く村上と同じくする。ただ私が国家神道を，近代日本における天皇制的国民国家の形成と分かち難い国家祭祀的な宗教システムとして，近代国家における創出に力点を置いて見るのに対して，村上は国家神道を神社神道という民族宗教を基盤にし，それを前提にした近代天皇制国家における国家宗教的な再編として見るのである。村上国家神道論の特色は，民族宗教としての神社神道を国家神道成立の重い基盤として見ているところにある。「19世紀後半に，近代天皇制国家は，神社神道の特異な性格を素材として，新

しい国教,国家神道をつくりだし,日本の歴史上では異例の,単一の支配的な教権をうち立てた」という村上は,神社神道による日本的「国教」の特異な形成をこう記述している。

「神社神道という,あまりにも特異な民族宗教の存在こそ,国家神道の形成を可能にした最大の要因であった。宗教の単一化が実現しなかった日本社会では,民族宗教の骨格が生きつづけ,農耕儀礼を主宰して国土にイネの豊饒をもたらす宗教的機能は,歴代の天皇の宗教的権威としてうけ伝えられてきた。近代天皇制国家は,もっぱら宗教的機能によって存続してきた天皇制と神社神道を基礎に,民族宗教の再構築という時代錯誤の構想を実行に移した。」

村上がいう神社神道は,日本特異な民族宗教を意味している。それは古代朝廷による神祇制度的な統一からなる古代祭祀国家の軸をなす皇室神道と,原始神道以来の地方的社会集団の共同体的祭祀としてあった神社神道とを包括するものである。上に引く村上の記述は,天皇が農耕社会的日本の代表的な祭祀者としての宗教的な権威をもってきたことをいっている。そこから村上は,皇室神道を軸に神社神道を基盤にして日本特異な民族宗教としての神社神道があることをいうのである。そしてこの神社神道の近代の天皇制国家における再構成を国家神道だとするのである。

村上の国家神道論は,天皇制国家によるその近代的形成をいうとともに,民族宗教としての神社神道との連続性をもったものであることを強調する。それゆえ村上の戦前の日本国民をトータルに支配した国家神道に対する怒りは,世界に稀な国家神道という「国教」形成の最大の要因としての神社神道に向けられることになる。村上の怒りは,民族宗教的な原因にまで遡る形で根底的であり,全歴史的でもある。さらに村上の批判は,「民族宗教の原理は,個人的内

面的な契機をまったく欠いた，どこまでも原始的な宗教観念によって組み立てられており，近代社会はもとより，成熟した封建社会においても，とうてい通用するべくもない素朴な思考であった」という近代的宗教観に立つものであった。それゆえ村上の怒りは，国家神道の反近代的な性格にも向けられるのである。村上の国家神道論は，戦後の近代主義的宗教観に立った非宗教的な国家宗教（国家神道）の反近代的な制度的・思想的装置への批判という性格をもつものであった。

たしかに，村上における民族宗教としての神社神道の概念構成と近代との連続性に立った神社神道概念は再検討されねばならない。だがその批判的再検討は，国家神道への国民的怒りに宗教史的な表現を与えた村上国家神道論の大きな功績を否定するものであってはならない。

村上重良（むらかみ・しげよし　1928-1991）
　専門は宗教学。大学講師などを務める。主な著作に，『日本宗教事典』『現代宗教と政治』『新宗教　その行動と思想』『国家神道と民衆宗教』など。

参考・関連文献
　村上重良『天皇の祭祀』（岩波新書，1977 年）
　子安宣邦『国家と祭祀　国家神道の現在』（青土社，2004 年）
　島薗進『国家神道と日本人』（岩波新書，2010 年）

（子安　宣邦）

戸坂潤

『日本イデオロギー論』

白楊社, 1935 年（岩波文庫, 1977 年）

―――日本主義への根源的批判―――

　戸坂潤の『日本イデオロギー論』が出版されたのは昭和10年7月である。それは昭和6年の満州事変から昭和11年の2・26事件，そして翌年の盧溝橋事件へといたる時期であり，日本ファシズムが台頭していく過程でもあった。思想界では，大正末期から昭和初期に高揚したマルクス主義とプロレタリア文学運動が弾圧によって崩壊し，昭和8年の小林多喜二の死後，一種の思想的エアポケットが生じた時期にあたる。

　当時の文学界の動向をみると，転向文学問題，社会主義リアリズム，行動主義などさまざまな議論が巻き起こり，一方で日本浪漫派が旗揚げする。その混乱の中でファシズムに対抗するための道が模索されていた。アカデミズム哲学においては，西田幾多郎を中心とする京都学派の影響が大きく，和辻哲郎の『人間の学としての倫理学』や『風土』などが発表されていく時期でもあった。

　戦争へと向かう切迫した時局の中で，マルキストも自由主義者も方向を見失ったような言論界に，ファシズムを支える「日本主義」がどのように浸透していくのかを，戸坂の『日本イデオロギー論』は鋭く分析している。本書がそのような当時の歴史的社会的状況を

踏まえて，現状打開のためのはっきりとした見通しと実践の意思に導かれていることが，この本を現在でも価値あるものとしている。それは本書が，単なる情況分析に止まらず，弁証法的唯物論にもとづく戸坂の哲学に立脚していたからであろう。

唯物論研究会の立場

戸坂潤は明治33（1900）年，東京神田に生まれた。父は出生前に病没しており，母親に育てられる。開成中学から一高の理科に進学，京大哲学科に入学した。当時の京大哲学科には西田門下の秀才がそろい，田辺元にも教えを受けた。先輩には三木清が，同期には西谷啓治（1900-1990）らがいる。戸坂が始め物理学を志して数学を学び，やがて自然科学の根本問題に眼をむけるようになって，哲学への道を進んだということは大きな意味を持っている。

戸坂がマルクス主義と出会ったのは，昭和初年にドイツから帰国した三木清を通じてであった。しかし戸坂に言わせれば三木のマルクス主義理解は観念論を脱し得ておらず，「哲学青年的態度」で，唯物史観を単なる一つの歴史哲学としてしか理解していない。それに対して戸坂のマルクス主義受容の特徴は，観念論的認識論の根底的批判の唯一の可能性として弁証法的唯物論を受け止めたということにある。戸坂が観念論を脱し得たのは，京大時代からカントの空間論批判を通じて，科学的学問の成立基盤への根本問いを自らの課題として持っていたからであろう。

戸坂は『日本イデオロギー論』の前に，『イデオロギーの論理学』を書いて，みずからの哲学的方法論を明確にしている。そこで重要なのは「性格」という概念であろう。「性格」とは具体的な事物を見る方法に関わる概念である。観念論ではまず第一に普遍者を想定

し，それとの関係で個別の物を区別する。そしてそこから個別の物に固有の「本質」を見極めようとする。しかし「性格」という概念は，事物に固有の「本質」を追求するのではなく，それぞれの事物の支配的な特徴を「性格」として見極めようとする。重要な点は，差異化され個別化された事物の「本質」が，それを見出す人間／社会とは別個に存立し得るのに対して，「性格」は人間／社会との関係を持ち続けることによってのみ成立するということである。なぜなら「性格」とは事物が持つ具体的な特質であると同時に，人々によって見出され与えられるものに他ならないからである。これは客観的事物の観照によって見出される「本質」とは異なり，はじめから認識論的な課題を含む人間学的概念なのである。

　今この対象となる事物が，歴史的社会の現状であるとすれば，この性格概念こそが，イデオロギー分析の方法でなければならない。事物の持つさまざまな性格の中から，何を代表的な性格として取り出すかは，それと関わる人々が理論的にも実践的にもそれをどう扱うかという性格的動機による。ここから問題の立て方，立場，論理の性格が決定される。重要なのは理論や立場ではなく，問題（動機）でありその性格なのである。「問題を突きつめるということは，理論の内容を展開し豊富にすることを意味する。試みに立場——論理的整合性——を突きつめて人々は何を得るか。それは常に理論の希薄化と性格の疎外との外ではない」と戸坂はいう。

　彼がプロレタリアの立場に立つという時，それは政治運動に身を投ずることではなく，このような立場で哲学を実践するということだったのである。昭和8年，戸坂は数学者岡邦雄とともに唯物論研究会を立ち上げる。そして日本の現実の問題に積極的に関わる哲学を実践していく。『日本イデオロギー論』が公式的マルクス主義

のイデオロギー暴露とは異なり，現代においても深い意味を持ち得ているのはこのためだろう。

自由主義と文学主義

『日本イデオロギー論』がまず取り上げるのは当時の日本において一定の社会的勢力を持つ存在である「自由主義」である。しかしそれは本来の経済的・政治的自由主義とは異なり，社会的政治的観念から自由な，いわば文化的自由主義というものになってしまっている，と戸坂はいう。それは哲学的な体系も一貫性もない無内容な自由主義であって，そこにはどんなものでも入り得る。その一つの傾向が宗教的自由主義であって，仏教哲学などがもてはやされているが，それらはその宗教意識を仲立ちにして容易に日本主義に吸収されてしまう。

もう一つの傾向は，文献主義に基づく「解釈の哲学」である。ここで戸坂の念頭にあるのは西田幾多郎や和辻哲郎の思想だが，これらは観念論が最も近代的に自由主義的形態をとり，一見精巧に仕上げられた解釈哲学にすぎない。この解釈哲学の方法から出てくるのが文学主義であって，それは哲学的範疇を文学的表象に置き換えてしまうものである。いいかえればそれは現実に関わって働く論理を，言語表象を分析する解釈の論理にすり替えてしまう。ここからは古典に依拠した復古主義や，文献主義的解釈による日本主義的な「国史の認識」が生じてくるだろう。

戸坂は日本の現状の中から様々な思想を取り上げ，それらを自らの唯物論的方法をもって鋭く批判していく。批判の対象となっているのは誰の眼にも明らかな国粋主義・ファッショイデオロギーだけでなく，文献主義的・文学主義的傾向をもつアカデミズム哲学や文

芸評論にまで及ぶ。具体的には，彼自身の出発点であった西田哲学や田辺元，三木清をはじめとする京都学派の哲学，なかでも和辻哲郎の『倫理学』が批判の対象となる。それは知識階級のインテリジェンスの質を問うものとして是非とも明らかにしておかなければならない問題であった。なぜならファシズムは，国際的な非常事態に動揺する小市民層の社会意識を利用することで台頭するのであるから，知識階級の言論がファシズムに利用される可能性があるからである。

　さらに戸坂が問題とするのは文学界の動向である。それは「無産者の独裁に対してもブルジョワジーの露骨な支配に対しても情緒的に信念を失った中間層」に対して最も情緒的に訴えかけるものが文学であったからである。文学主義は文学においてどのような様相を取るのか，そしてプロレタリアの立場に立つ文学理論とはどのようなものなのか。ここでの主な論敵は近代文学批評の旗手であった小林秀雄である。小林秀雄の評論に文学主義から日本主義への道筋を見出す戸坂は，改めて文学と哲学の架橋という問題に直面する。この問題は後に『思想としての文学』としてまとめられることになるが，ここでの問題はあくまでも日本主義批判のその具体的プランを提示することであった。

日本主義とは

　日本主義とは広義にいえば，「日本的なるもの」を抽出し賛美する傾向一般のことであるが，そもそも「日本」・「日本人」という言葉には，それが喚起するイメージはあっても，それがどのような内容を持つのかは無規定なままである。たとえば日本人の性格としてどのようなものを抽出するのかは，それぞれの社会的階級によって

異なるだろう。

　戸坂は「日本主義」を日本ファシズムの一つの観念形態として捉える。その性格を決定しているのは，それが帝国主義的軍国意識から発生しているという事実である。さらに日本の特殊な事情は，この軍部の意識が明治維新の復古思想と結びついていることである。そして日本主義的軍国思想の主体が依拠する地盤は農民，特に中農層であった。そこでの兵農一致的農本主義は復古主義を一挙に原始共同体的な，観念の原始化へと導く。それは動揺する小市民的中間層に於ける意識にも影響を与え，「意識の原始化は，反技術主義，反機会主義，反唯物思想，反理性主義其の他の名の下に精神主義となって現れる」。中間層の「平和的インテリゲンチャ」が神秘主義に陥るのは，このような日本主義ファシズム下における社会意識を反映している。

　その精神主義が政治観念にまで発達したものが皇道主義である。「皇道主義こそだから，日本主義の究極の帰一点であり，結着点なのである」と戸坂はいう。このような日本主義の規定に基づいて戸坂は日本主義的な傾向を脱するためのプランを提示しようとするのである。

　戸坂は終戦を目前に獄死し，戦後の世界を見ることはなかった。しかし戸坂が打倒しようとした日本イデオロギーは，戦後も繰り返し，形を変えて浮かび上がってくる。「日本的なるもの」を新たな日本主義に結びつけようとする文学主義は今も健在である。この書は今もそれらに立ち向かうための視点を与えるという使命を失ってはいない。

戸坂潤（とさか・じゅん　1900-1945）

　哲学者。治安維持法によって捕らえられ，敗戦の直前（8月9日）に獄死。主な著作に，『思想と風俗』『世界の一環としての日本』『認識論』など。『戸坂潤全集』全5巻別巻1（勁草書房）がある。

参考・関連文献

　林淑美『昭和イデオロギー　思想としての文学』（平凡社，2005年）
　古在由重『戦時下の唯物論者たち』（青木書店，1982年）

（宮川　康子）

竹内好

『日本とアジア』

竹内好評論集 3，筑摩書房，1966 年（ちくま学芸文庫，1993 年）

——血塗られた民族主義——

　竹内好は，魯迅（1881-1936）研究を通じて，魯迅そのものを見るかのようにしながら，「中国」に可能性を見出し，「アジア」に可能性を見出した。それは「優等生」の日本近代を批判的に捉え返す位置から発語されたものであった。竹内は，「敗北」し続ける近代中国に，「抵抗」の持続に拠る，もうひとつの近代の可能性を探ろうとした。こうした竹内独自の視点を，ここでは「アジア」にかかわる発言が最も網羅的に収められている，『竹内好評論集』第 3 巻の『日本とアジア』を取り上げることで議論してみようと思う。

日本人はなぜ中国人に嫌われるのか

　現在も例えば「嫌韓流」などといった言葉が流通するように，日本人は韓国人をどう見ているのか等が巷間でしばしば話題とされる。しかし竹内は，この発想を逆転させ，他の日本人には見えないものを見ていた。中国の側から日本がどう見えるのか，即ち日本人はなぜ中国人に嫌われるのか，という視点から日本を見るのである。この発想方法は，竹内が一貫して保持し続けた思考の特徴といってよいだろう。日本人の中国嫌いが取り沙汰される昨今の状況を見ても，

私は竹内の議論がいまもなお有効性を持つものとだと考えている。竹内からするとき、「戦前も戦後も根本的な変化がない」、「日本人の中国に対する侮蔑感」が問題化される。そして「丸山のような学者さえ、日本人の伝統的な中国侮蔑感が意識下にあって正しい理解を妨げているような気がする」と柔らかにではあるが、丸山眞男もまた批判にさらされるのである。ヨーロッパ近代に追随しようとする「ドレイの進歩」に囚われた日本の近代に対して、竹内は日本人はなぜ中国人に嫌われるのか、という視点とともに批判的に切り込んでいくのだ。

竹内の議論は、文学者一流の表現をとり、また、直感的な鋭さを持っている分、体系的に捉えづらい側面を持っている。しかし、竹内の立っていた場所、竹内に見えていたものには、今なお傾聴に値するものがある。そのためここでは、できる限り竹内の言葉に沿いながら、また、竹内の全体像など最初から無視しつつ、さらには竹内の直感を時代の文脈から切り離し、現在の私たちに訴えかけるものとして、抽象し提示していくことを試みてみたい。

賢人とバカとドレイ

竹内の議論が、もっとも強く読者に迫ってくるのは、子安宣邦が「ドレイ論」と呼ぶ一連の主張ではないだろうか。魯迅の「賢人とバカとドレイ」を踏まえながらなされるこの議論を、まずは示しておきたい。

竹内は「人生でいちばん苦痛なことは、夢からさめて、行くべき道がないことであります」という魯迅の言葉を引きながら、その「人生でいちばん苦痛なこと」を体験してしまったのは魯迅本人だと言う。魯迅は「夢を見ている」「幸福」つまり、「呼び醒まされな

い」状態からも引き離され、苦痛の中に耐え続けているというのだ。そして、魯迅の寓話を次のように読み込んでいく。

「バカがドレイを救おうとすれば、かれはドレイから排斥されてしまう。排斥されないためには、したがってドレイを救うためには、かれはバカであることをやめて賢人になるより仕方がない。賢人はドレイを救うことができるが、それはドレイの主観における救いで、つまり、呼び醒まさないこと、夢を見させること、いいかえれば救わないことがドレイには救いである。ドレイの立場からいえば、ドレイが救いを求めること、そのことが、かれをドレイにしているのだ。だから、このようなドレイが呼び醒まされたとしたら、かれは「行くべき道がない」「人生でいちばん苦痛な」状態、つまり、自分がドレイであるという状態を体験しなければならない。そしてその恐怖に堪えなければならない。」

魯迅が「賢人を憎んでバカを愛したことはたしか」としながら、竹内は「暗黒と手探りで戦っている」魯迅からすれば、「日本文学が賢人の文学、つまり解放の幻想の文学」でしかないことを指摘する。竹内の議論を論理的に説明するのは難しいが、竹内は、こうした魯迅の目醒めた「ドレイ」状態を、近代中国と重ね合わせて考えていく。そして「賢者」として、また「優等生」として、近代化に突き進んだ日本の決定的な欠落部分を、「解放の幻想」だと指弾するのである。優等生的に日本は近代化に先んじたのだが、その日本が持っていないものを、ヨーロッパ近代に虐げられ、敗北しながらも抵抗をやめない中国の中に見ようとするのである。「ドレイとドレイの主人は同じもの」と主張する魯迅の言葉を、竹内は「ドレイの主人」になろうとした日本への批判として読み替え、遅れ続け敗北し続ける中国に、「幻想」ではない「解放」の可能性を見ている

のだ。

　さらにこのことは、ひとり中国の問題ではなく、ロシア文学においてもインドの詩人タゴールにおいても指摘できると竹内は言う。あるいはまた、アメリカの哲学者デューイがそれを中国に感じとっていたことを言う。こうして竹内の魯迅論（中国論）は、「アジア」を語る地平に立つ。竹内は、戦後も中国を訪れる人が多数存在することを前提に、「その人たちが……ごちそうになって、いい気持ちになったかもしれないけれども、それで中国を見たとはいえない。なぜ見えないかというと、自分に問題がないからです」と指摘する。この地点から有名な、「方法としてのアジア」は主張されていくのである。

「帝国主義は帝国主義を裁けない」

　竹内は、戦前・戦中のアジア主義を批判的に見ながらも、一方でアジア主義の持つ積極的な側面を擁護し続けた。そのことを現代の問題として、竹内の主張の中心ではないのかもしれないが、少し視点を変えて述べておきたい。

　亀井勝一郎（1907-1966）との論争にもなる遠山茂樹（1914- ）らの『昭和史』（岩波新書、1955）を引きながら、竹内は「日本の行った戦争の性格を、侵略戦争であって同時に帝国主義対帝国主義の戦争であり、この二重性は日本の近代史の特質に由来するという仮説を立てた」と言う。竹内は「侵略戦争の側面に関しては日本人に責任があるが、対帝国主義戦争の側面に関しては、日本人だけが一方的に責任を負ういわれはない」と言うのだ。

　もちろんこの議論は、日中戦争と対米戦争を分割して理解する歴史観を許容する議論となりうるものであるし、第二次世界大戦が、

帝国主義諸国間の世界分割戦争であり，侵略戦争と帝国主義戦争とを明確に分けて理解することはできないとする今日の学説と齟齬をきたす可能性のある議論でもある。あるいはこの「二重性」の主張が，元首相・安倍晋三をはじめ反動的保守勢力が，日本のアジア・太平洋戦争に対する戦争責任を曖昧にし，日本の過去の行動を肯定しようとする主張と，かなりの程度重なりあうものであることも承知の上で，敢えて取り上げてみたいと思う。

いわゆる東京裁判をめぐって，右からは事後法によって裁かれる矛盾が，左からはA級戦犯釈放に象徴される裁判の不十分さが議論されてきた。この問題のいちいちに目をやるいとまはないが，これらの問題の前提にある，第二次世界大戦の勝者と敗者の位置づけを捉えなおすべき時期に来ていることを主張してみたいのである。あらかじめ言ってしまえば，日本の侵略戦争と植民地支配の責任を曖昧にすることなく，それでもなおかつ，遠山の言葉を借りれば，「平和と民主主義を守ろうとする反ファッショ戦争」とする歴史観を乗り越える時期に来ていることを提案したいのである。

戦後世界は，民主主義の勝利として始まった。欧米だけでなく中国の公式の歴史認識も，「反ファッショ戦争」との理解を示している。しかし戦後とはなにか。なぜ日本の植民地支配が1945年をもっておわりを迎えるのに対して，連合軍の植民地支配は1945年時点で即座には問われないままでありえたのか。戦後世界を支配する民主主義とは，世界を解放したわけではないという，当たり前の現実を見つめ直した方がいいのではないか。竹内の議論の危うさの中に，合衆国をはじめとする戦勝国の価値観自体を相対化し，戦後世界を問い直す契機を探れないだろうか。「平和と民主主義を守」るために，第二次世界大戦後の多くの戦闘が正当化されてきた。戦後

世界の中でもっとも血に飢えていたのは，民主主義ではないか。戦後世界の価値観の有効性を認めつつも，その限界を見定めるためには，「優等生」としての民主主義者の立場に換わる，新たな歴史観を，竹内の問題提起の中から探り出せないだろうか。

　竹内はナショナリストである。「血塗られた民族主義」を避けて通れないと考えた民族主義者であった。ナショナリズムに良いも悪いもなく，ナショナリズムの根源に届く批判が必要なのだと考えてきた私に，竹内好は，いまも問いかけてくる。日本人はなぜ中国人に嫌われるのかというところから始まる，「血塗られた民族主義」と正面するアジア主義があってもいいのではないか，と。

竹内好（たけうち・よしみ　1910-1977）
　中国文学者，評論家。主な著作に，『魯迅』『方法としてのアジア』『近代の超克』など。現在，入手しやすいものとして『竹内好セレクション』全2巻（日本経済評論社）がある。

参考・関連文献
　孫歌『竹内好という問い』（岩波書店，2005年）
　菅孝行『竹内好論　亜細亜への反歌』（三一書房，1976年）
　岡山麻子『竹内好の文学精神』（論創社，2002年）
　子安宣邦『「近代の超克」とは何か』（青土社，2008年）

（樋口　浩造）

子安宣邦

『近代知のアルケオロジー』

岩波書店，1996 年（増補して『日本近代思想批判』岩波現代文庫，2003 年）

――日本思想史の枠組みを押し広げる――

ポストモダンを超えて

　私は本書をポストモダンを積極的に経由した本として読んだ。フーコーのアルケオロジー（考古学）を下敷きにしながら，近代知を問い直す方法は，まさにフーコー的ポストモダンの手法を用いるものであるからだ。しかし，そこにとどまらない可能性をも本書は切り開いてくれてはいないか。日本思想史という学問の枠組みを再考させ，押し広げる力を考えてみたいと思う。

　子安はあとがきにおいて，本書は〈この近代〉を論じようとしたものだと言う。それが意味するものは，「近代化論的言説」を問題にした 4 章「日本の近代と近代化論」の最後に引かれた歴史家ジェフリー・ハーフの言葉とも通じるものがあるだろう。

　「近代性一般というものは存在しない。複数の国民国家があり，それぞれの国民国家が，それぞれ独自のやり方で近代的社会に変化するのである。」

　こうした議論は，具体的には「近代国家日本という己れを偽装し，隠蔽する」世界史の哲学や，「未成熟な日本近代の権力構造の病理」を見る丸山眞男への批判的な視座とともに語られている。あるいは

〈この近代〉を論じるとは,「近代の学術が一国的な学として成立」するさまを,「一国民俗学」や「支那学」,「国史」,「国語」に対するアルケオロジカルな問題関心から掘り起こす作業でもあるとは,子安自身が主張するところである。

さて,子安は「〈江戸〉の読み直しは,他ならぬ〈近代〉の読み直しであるという私の思想史家としての立場」を述べているが,その発展型が〈この近代〉という問題設定であると受け止めたい。江戸思想史研究は,〈江戸〉を〈近代〉の他者として,つまり近代の外部に措定することで,近代への批判的視角を確保する方法をとってきた。この方法は江戸思想史に新たな視角を持ち込む斬新なものであったが,しかしながら近代批判としては一定の限界を持つものでもあったのではないか。外部としての〈江戸〉からの近代の相対化では,近代を〈この近代〉として論じることは困難であり,むしろ批判の対象は「近代性一般」に向けられがちにならざるを得なかったのではないか。本書は,近代批判の一貫した問題意識に貫かれながらも,時間と空間に限定された〈この近代〉に向けられた思想史的作業である。

つまり,論じる対象が〈江戸〉から〈近代〉に変化したという単純な話しではないのだ。近代への他者性を武器にするのではなく,〈この近代〉を問題にするとき,論者は〈この近代〉の内部にいるからこそ,それを問題化できる。対象を近代に変えたときに,明らかに方法的な変化をともなっているのだ。それを敢えて解釈してみるならば,ポストモダン的な方法に拠った江戸思想史から,ポストモダンを超えた思想史への一歩が本書には刻み付けられている,としておこう。この後現在に至る日本やアジアをめぐる多くの著作群は,この書で語られた〈この近代〉を問題として次々に発表されて

いくと見ることが可能ではないだろうか。帝国の学知を批判的に捉え返すそのスタイルは——1990年代に流行した言い方を借りるならば——，ポストコロニアリズム的な問題関心とも共有される最初の日本思想史研究として位置づけることができるだろう。

〈この近代〉を批判的にとらえる新たな地平

　内容について簡単に触れておきたい。1章から3章は，学知の批判的な洗い直しである。「一国民俗学」としての柳田民俗学批判や，客観的・実証的な手法をとるようにしながらなされる「支那学」の，中国への「超越的な視点」が持つ政治性の指摘，あるいは，「国語」が古くなり，「日本語」の時代が来るかのようになされる現代の議論に対するアンチテーゼとして，〈東亜の盟主〉による英語に代わる〈東亜共通語〉としての「日本語問題」発生の指摘など，どれもが膨張する帝国の国民形成や帝国の戦争と無関係でありえないばかりか，むしろそれを下支えする共犯的な知であることを明らかにしていく章である。

　しかしここで行論上触れておきたいのは，「〈隠蔽〉と〈告発〉との間」と題された5章である。本田勝一の『中国の旅』（1971）を「過去を隠蔽する国家と，そして過去を忘却する国民に向けられた〈告発〉の書」として一定の評価を与えながらも，議論をその先に進めようとする在り方に関わって少し指摘しておきたい。南京大虐殺が「まぼろし」であるとする加害の〈再説・語り直し〉を，「記憶の暗部への和解的な，弁明的な対応」と批判するのはもちろんであるが，その批判は本田にも向けられるからである。

　「一方は他者的視点からの〈告発〉としての，他方は自己への〈弁護〉としての，この二つの対抗する物語を戦後意識が生み出し

てきたとすれば、そのどちらにも日本人の反省的な自己への視点は存在しないといいうるだろう。」

　ここには子安の〈この近代〉と対峙する立ち位置が明確に現れているのではなかろうか。しかも言葉の端々から、こうした発言が唐突になされたのではないことをうかがわせるのである。たとえば、座談会「近代の超克」における、下村寅太郎の「近代がヨーロッパ的由来であるにせよ事実上我々自身の近代になった」とする発言への注目は、〈この近代〉と自己との関係を考えようとする方法意識の表れと読めるのではないか。いま生きている近代を、あるいはすでに生きられた近代を、「超越的な視点」を拒否しながら、自らの問題として引き受けるべき地点において、批判的に問題化するのである。「むしろ私は反戦・平和主義的な言説のうちにある無意識的な過去との和解に鋭敏であるべきだといいたい」と「己を犠牲者に同定する」無意識的和解をも批判の対象にしていくことで、〈告発〉と〈隠蔽〉の両者から漏れ落ちる、「日本人の反省的な自己への視点」の欠如を、戦後日本の思想的欠落の問題として摘出しているのである。

日本思想史への問い

　〈この近代〉を鋭く問い返す論考は、日本思想史研究の新たな展開を要求してはいないだろうか。近現代思想史は、従来思想史研究の中でも手薄な分野であったが、たとえば日本思想史学界において、近年近現代に関心を寄せる若手が増え続けているという印象を持っている。『近代知のアルケオロジー』は、どのような近現代の思想史研究を私たちに提示してくれているのだろうか。

　まず近代的な物語的時間の記述をしないこと、つまり近現代を通

史的に記述する欲望と全く正反対の方向を向く研究であることは確認できよう。しかし，このことは本書で明らかにされたことではなく，子安思想史の，〈江戸〉か〈近代〉かを問わない，時間記述に関する一貫した方法的立場である。

そうした確認的作業ではなく，問題にすべき新たに語り出されたこととは，まさに思想史研究や思想史学界が持ってきた性格に焦点化される問題であるだろう。一読者として，それに応える私なりの回答を示してみたい。子安の弟子が子安に応えることはトートロジカルな茶番に見えるかもしれないが，敢えてそうしたことを行ってみたい。

現在を語るということ，いま，ここの近代を語ること，そうした緊張感を思想史研究者はどこまで持ってきただろうか。子安が現代社会論として，思想史的発言を重ねるとき，アカデミズムがアカデミズムとして現代に介入するどのような知が可能であるのか，それを私個人に引き受けながら考えてみたい。

たとえば西洋哲学が専門の高橋哲哉が『靖国問題』（ちくま新書，2005）を書き，大変な売れ行きを示した。それに比して，近代なり神道なりを専門にする思想史研究者の多くはどのような発言ができたであろうか。子安は『国家と祭祀』などにおいて，自らの発言を発信し続けている。以前に書いたことがあるが，思想史研究者は思想家ではない。そんなことは重々承知である。それでも思想史研究者が思想音痴であっていい訳はない。同時代を論じる，あるいはいまを生きる近代を論じるということは，思想史研究者の思想性が問われるということである。〈この近代〉の問題提起は，そしてその後の一連の子安の著作はその実践として私たちの眼前にある。子安の学知への問いはそのまま日本思想史という学知への問いではない

のか。そう考えるべきではないのか。思想的立場を同じにしろというのではない。そうではなくお互いの思想性をぶつけ合うような，思想史研究が必要だと主張したいのである。

　従軍慰安婦問題を大きな契機として，歴史修正主義との戦いは前景化している。思想史研究はこの戦いの前面で，その思想性を問われているのではないか。それは様々な立場からの処方箋を書くことではない。このことは子安の一連の著作からも明らかである。思想史研究者が思想性を賭けて発言し，同時代性の議論が活性化することを求めるメッセージを，本書から受け止めたいと思う。

参考・関連文献
　子安宣邦『国家と祭祀』（青土社，2004 年）
　子安宣邦『日本ナショナリズムの解読』（白澤社，2007 年）

（樋口　浩造）

執筆者

宮川康子（みやがわ・やすこ）

1953年生。大阪大学大学院文学研究科博士課程修了。現在，京都産業大学文化学部教授。近世日本思想史。著書に，『富永仲基と懐徳堂』（ぺりかん社），『自由学問都市大坂』（講談社）。訳書に，オームス『徳川ビレッジ』（ぺりかん社）。

樋口浩造（ひぐち・こうぞう）

1958年生。大阪大学大学院文学研究科博士後期課程満期退学。現在，愛知県立大学歴史文化学科教授。日本思想史・文化理論。著書に，『「江戸」の批判的系譜学』（ぺりかん社）。

田中　聡（たなか・さとし）

1964年生。立命館大学大学院文学研究科博士後期課程修了。現在，立命館大学ほか非常勤講師。日本古代史・日本史学史。共著書に，『差別と向き合うマンガたち』（臨川書店）。

編者略歴

子安宣邦（こやす・のぶくに）

1933年生。東京大学大学院人文科学研究科博士課程修了。大阪大学名誉教授。著書多数。近年の著作に，『宣長学講義』（岩波書店），『日本ナショナリズムの解読』（白澤社），『「近代の超克」とは何か』（青土社），『徂徠学講義』（岩波書店），『昭和とは何であったか』（藤原書店），『思想史家が読む論語』（岩波書店）など。監訳書に，テツオ・ナジタ『懐徳堂』（岩波書店）。

ブックガイドシリーズ　基本の30冊
日本思想史

2011年8月20日　初版第1刷印刷
2011年8月30日　初版第1刷発行

編　者　子安宣邦
発行者　渡辺博史
発行所　人文書院

〒612-8447 京都市伏見区竹田西内畑町9
電話 075-603-1344　振替 01000-8-1103

印刷所　創栄図書印刷株式会社
製本所　坂井製本所
装　丁　上野かおる

落丁・乱丁本は小社送料負担にてお取替えいたします

© 2011 Nobukuni Koyasu　Printed in Japan
ISBN978-4-409-00105-9　C1300

Ⓡ〈日本複写権センター委託出版物〉
本書の全部または一部を無断で複写複製（コピー）することは，著作権法上での例外を除き禁じられています。本書からの複写を希望される場合は，日本複写権センター（03-3401-2382）にご連絡ください。

ブックガイドシリーズ　基本の 30 冊

＊**東アジア論**　丸川哲史

＊**倫理学**　小泉義之

＊**科学哲学**　中山康雄

＊**グローバル政治理論**　土佐弘之編

＊**日本思想史**　子安宣邦編

マンガ・スタディーズ　吉村和真，ジャクリーヌ・ベルント編

人文地理学　加藤政洋

沖縄論　仲里効，豊見山和美

＊**メディア論**　難波功士

政治哲学　伊藤恭彦

文化人類学　松村圭一郎

環境と社会　西城戸誠，舩戸修一編

精神分析学　立木康介

臨床心理学　大山泰宏

経済学　西部忠編

以下続刊

＊は既刊。内容は変更の場合あり。